A BOOK YOU SHOULD READ
BEFORE STANDING ON THE PLATFORM

教壇に立つ前に読んでほしい本

MOMOYAMA GAKUIN UNIVERSITY OF EDUCATION
桃山学院教育大学
若手教員を育てる会

東洋館
出版社

はじめに

時代を超えて教師に期待されるもの

桃山学院教育大学学長　**梶田　叡一**

教壇に立って子供たちを教え導く教師に求められるものは、時代がどう変わろうと、そう大きく変わるものでない。例えば以下に述べる五点などは、いつの時代どこの社会においても教師たるものに求められるところではないだろうか。

教員免許を取得して将来教壇に立とうと考えている人、あるいは既に教師として教壇に立っている人に、教師として不易とも言える資質・能力の基本的なポイントについて、まず最初に確認しておいていただきたいと思う。

Ⅰ　人間的社会的に成熟していること

まず教師に求められるのは、「成熟した一人前の人間である」ということである。このことは見かけほどに単純な話ではない。

他の職種の場合なら、「まだ若いから」「この職についたばかりだから」ということで大目に見られることがあったとしても、教師の場合には、いくら若くても、経験が浅くても、教壇に立った初日から「師」であることを期待されている。相手の子供からも、保護者からも、また世間一般の人からも、何よりもまず、人間的に、また社会的に十分成熟しているかどうか、しっかりしているかどうか、という点が問われざるをえないのである。

教師を目指す若者は、素直で純粋な心を持つことが多いと言っていい。また教師の仕事は、子供を相手にし、学校という狭い世界の中で行われるだけに、そうした素直さ純粋さがそのまま保たれることも少なくない。このこと自体は高く評価できるとしても、このために、良い意味でも悪い意味でも学生気分をそのまま引きずったまま年齢を重ねていくことになりがちである。このことが世間知らずとか独善的といった批判につながっていくことにもなりかねない。現職の教師がいい年をしながら破廉恥な行為で逮捕されたり、問題が起こったときにその場限りの安易な処理の仕方をして世の顰蹙を買ったり、といった姿をときに晒しているのも、こうした人間的社会的な未熟さの現れではないだろうか。

だからこそ、教師を目指す者も現職の教師も、自らを人間的社会的に成熟させていく努力を重ねなくてはならないのである。自分自身が〈我々の世界〉（世の中）において学校教師という重要なポジションにあり、期待される役割をきちんと果たしていかねばならない、という覚悟を堅持することであろう。またこれと同時に、一人の人間として自らの〈我の世界〉（自分自身に開かれた独自固有の世界）を意識化し、それを大事にし、深めていくといった姿勢を身に付けることであろう。こうした不断の努力によってもたらされる成熟性は広範にわたるであろうが、ここでは主要な四点のみを、表の中に挙げておく。

Ⅱ　教育的関係を築くことができること

教師には、子供の心をつかみ、信頼され、自分の指導に従ってもらえる関係を相手との間に創り出す能力が必要とされる。相手の子供との間に気持ちの通い合いができないようではどうにもならないし、たとえ気持ちが通い合っていたとしても知人や友人との間のような関係でなく、師弟関係こそが必要とされるのである。教師はそうした教育的関係を創り出し、維持する能力を備えておかなくてはならない。

子供にまとわりつかれたら嫌だとか、身体の大きな何人かの生徒に睨みつけられたら話す言葉もしどろもどろになって、ということでは教師の仕事は務まらない。子供たちが言うことを聞かないからといってすぐに怒鳴ったり、手を出してしまったり、ということでも教師失格である。静かな声で話していても子供が一心に耳を傾けてくれる、という関係が創れなくてはならない。こう考えるなら、一般的に言って、子供嫌いの人、大人しすぎる人、すぐに感情的になる人、人の痛みの分からぬ鈍感な人、暗い人は、教師に向かないと言ってよいであろう。そして何よりも、勉強ができるだけの学校秀才では、教師の職は務まらないのである。情熱と使命感と、そして人間的な存在感と迫力がなくては、教育的関係を創って維持していくことができないことを銘記すべきであろう。

こうした教育的関係を築くための資質能力として、ここでは五点だけを表の中に挙げてある。

Ⅲ　教科等の授業をきちんとこなせること

教師の最も直接的な任務は、教壇に立って授業できることである。自分の担当する教科等についてきちんとした授業ができ、子供たちがそれによってうまく学習し、広義の学力が身に付く、ということでなくてはならない。この要件を満たしていないなら、誰の目から見ても教師失格であろう。子供が教科書を自分独りで学習していくのに比べて、格段に短い時間で、きちんとポイントを理解でき、力がつき、興味関心の領域も一段と拡がり深まった、ということでないなら、専門家である教師が授業をやる意味はないのである。このためには教材研究と授業研究が不可欠となる。そして自分の担当する教科等の背後にある学問や文化等について不断の研究が要求される。教える中身の何十倍何百倍のことを知っており考えているのでなくては、子供に対して深みのある授業、臨機応変に展開していく授業、を行うことはできないであろう。

授業の専門家としての教師の力量をどのように高めたらいいかについては、ここではこれ以上触れないが、特に大事な五点のみを表の中に挙げてある。

Ⅳ　学級等を一つの集団としてうまく指導できること

学校での教育場面は、基本的には、学級とかクラブ等を一つの集団として指導する、という形をとる。言い換えるなら、一人ひとりへの指導が、学級等の集団を土台とし文脈として行われることになるのが学校教育ということである。したがって、集団を指導する力と、そこにおいて一人ひとりを生かす力とが不可欠となるのである。

例えば子供たち一人ひとりを自由に活動させるにしても、一定の規律が必要である。自分勝手に動く子供一人ひとりに教師が付き添っていくことなど不可能だからである。だから教師は、学校での教育場面においては、常にその場でのルールの確認と、それを皆で守っていく規律の遵守とを念頭に置いた指導を行わなければならないのである。

また、学級等の集団を見ていけば、一人ひとりで関心も違い、学習能力も違い、活動の仕方も違い、といった個人差が顕著にあることに気付くはずである。だからこそ教師は、子供一人ひとりの特性に常に目を配り、その子が集団場面でその子なりに生きてくるよう常に配慮していかなくてはならないのである。

こうした集団指導の専門家として必要となる資質能力については、表に掲げた少なくとも四点について、考えておかなくてはならないであろう。

Ⅴ　教養ある知識人として常に学び続けていること

教師は、どの時代どの社会においても、知識人教養人の一つの典型であった。だからこそ社会的に尊敬され、父母からも信頼されてきたのである。社会的に教師の職責を果たしていく上で、このことは今でも重要な意義を持つであろう。この点は、教師であることにとって基層的な要件の一つと言ってよいのではないだろうか。

知識人教養人であるためには、改めて言うまでもなく、常に学び続ける姿勢を持たなくてはならない。最近の教師は堅い本を読まなくなった、といわれることがあるが、これは困ったことである。この点について、表の中にも最後に挙げてある。

いずれにせよ、教師の在り方の最も基層には、知識人教養人としての資質がどうしても欲しいものである。これを欠いたままの教師では、やはり薄っぺらな存在になってしまうのではないだろうか。

ここに述べてきたところを踏まえて、下の表にまとめたところに目を通してみていただきたい。この表に挙げられているところは、教師のあり方として社会的に期待される表層的なものと、教師個々人の内的アイデンティティに関わる基層的なものとの双方である。教師を目指す人、教職にある人にとって、どうしても必要とされる自省と努力の目標として、最小限このくらいのことは、と常に堅持していただきたいところである。教員の養成と研修については、今後も様々な改善・改革の方策が打ち出されるであろうが、根本的なところを常に押さえて取り組んでいきたいものである。

学校教師に要求される主要な資質・能力

Ⅰ　人間的社会的に成熟していること［〈我の世界〉と〈我々の世界〉の双方を豊かにきちんと生きている成熟した人としての信頼を得る］

1．開かれた柔軟なパーソナリティを持つ
2．自己受容し、自信を持ち、心理的な安定感を持つ
3．人間的な暖かさと協調性を持つ
4．広く豊かな社会的常識と強い責任感を持つ

Ⅱ　子供との間に教育的な関係を築けること［教育的な関わりを豊かに持てる専門家としての信頼を得る］ 1．教育に対する使命感と情熱にあふれている 2．子供と一緒に遊んだり談笑したりすることを喜びとする 3．子供の内面の気持ちや感情を敏感に感受できる 4．子供に軽視されたり無視されたりしない存在感を持つ 5．子供と心のつながりを深める方法を理解し身に付けている
Ⅲ　担当する教科等についての専門的な知識と指導力を持つこと［授業（教科指導）の専門家としての信頼を得る］ 1．担当する教科等の内容や筋道、ポイント、背景等について深い理解を持つ 2．担当する教科等の指導方法や活動展開の在り方について深い理解を持つ 3．学習過程でのつまずきや落とし穴とその対応方策について深い理解を持つ 4．教科書と黒板の他に広範な教授メディアを活用できる能力を持つ 5．学習や成長を把握するための広範な評価技法とその活用について深い理解を持つ
Ⅳ　集団を指導する力と一人ひとりを生かす力との双方を持つこと［集団指導の専門家としての信頼を得る］ 1．公平で依怙贔屓がなく、一部の勢いの強い子供に引きずられない 2．集団としての全体的な動きと同時に、一人ひとりの状況を把握できる 3．集団に対する指示が的確で、規律正しく活動させることができる 4．集団全体に熱気と活気を与え、皆の気持ちを一つの方向に集中させることができる
Ⅴ　自己教育力を持ち常に成長し続けること［教養ある知識人としての信頼を得る］ 1．常に学び続ける姿勢を持ち、豊かな教養・識見を持つ 2．精神的な深みを大事にし、人としての生き方在り方に対し求道的な姿勢を持つ

［参考文献］

梶田叡一（2017）『教師力の再興』，文渓堂.

目次

CHAPTER 1

松久 眞実

多様なニーズのある子供への対応

―幼児期から学童期までに愛着の崩れや発達の歪みのある子供を中心に―

SECTION 1 児童養護施設の子供たち

筆者が勤務するB小学校区内には、児童養護施設Aがありました。ある月曜日、A施設から通うN君は機嫌が悪く、朝からぐずぐずと言っていました。足が痛いだの、のりの蓋がないだの、プリントをしたくないだの、ぐずぐずと泣いていました。授業の邪魔をして他の子の迷惑にもなり、こちらもいい加減腹が立って怒鳴りつけようと思ったところ、ふとあることを思い出しました。昨日はA施設のすもう大会で、以前からお母さんが人形をお土産に持って来てくれると、楽しみにしていたことを。私はN君を膝に抱いて、「昨日のすもう大会、誰か応援に来てくれたん？」「ううん、お母さん、仕事で来られなかった」。きっと原因はこれです。「そうなんや、でもN君、よう頑張ったなぁ」と、しばらく抱っこして話を聞いていると落ち着いてきました。すもう大会の話を思い出したとたん、私がそれまでとらわれていた怒りが一気に緩みました。痛いのは足じゃない、ないのはのりの蓋じゃない、痛いのは心で、足りないのは愛情です。それを担任である私に伝えようとしていることに気付いたとき、手のかかるN君は、「挫けそうな子」として私の目に映りました。こちらがN君の表面的な行動ばかりにとらわれて怒鳴っていたら、N君はいつまでもぐずっていたことでしょう。

A施設は市内最大規模で、4月の小学校教職員による施設訪問や交流会、PTAの施設見学など、小学校とは密接な関係にあります。A施設の子供は各クラス1～5名位在籍し、高学年になるほど増える傾向にありました。B小学校に転勤すると決まったとき、もともと福祉の仕事に関心があった私にとっては、校区にA施設があることは興味深いことでした。しかしその最初の気持ちとはうらはらに、一筋縄ではいかない A 施設の子供たちと取っ組み合ったり、ぶつかり合ったりの毎日が始まりました。

SECTION 2 細やかな配慮が必要な子供たち

児童養護施設の子供だからといっても特別な子供ではありません。どこにでもいる普通の子供たちです。でも細やかな配慮が必要な子供たちです。虐待やネグレクトで措置される子供が多く、たくさんの子供が愛着に課題を持っていました。

児童養護施設の子供たちは、月曜日に調子の悪い子が多いです。土日に施設の行事が多くて疲れていることもありますが、むしろそれより親の面会がなかった子供が、調子が悪いのです。また入所してまもなくは、保護者の引き取りを信じて一生懸命頑張っていますが、それが長引いたり、希望がなくなったりしたときに荒れてくることもあります。

A 施設の子供たちは、拗ねると非常に長引きます。特に親に虐待されて入所してきた子供は、大人への不信感が強く、大人を試したり挑発したりして愛情を確認します。低学年のうちはあっけらかんと自分の施設の話をしていた子供たちが、高学年になると施設のことはいっさい話さなくなり、同じ施設の友達同士でかたまる傾向があります。施設の子供たちは、時々荒れたり、拗ねたり、こちらを困らせる行動をとることがあり、40 人程の児童を担任する教師にとっては、悩みの種になることもあります。

例えばある子供は、朝遅刻して教室に入ってくると、友達からの「おはよう」の声にも反応せずに、ロッカーにランドセルを投げ入れます。上靴を履かないまま、好きな友達の横に座り込んで、ゲームの話を延々と続けます。突然、感情を爆発させて教室を飛び出していきます。むかつくと言って、たいした理由もなく友達をつねる、噛みつく、蹴るなどの暴力をふるいます。教頭先生が教室からひっぱり出そうとすると「くそじじい」と怒鳴って逃げます。友達にくっつこうとするので離そうとすると、「くそばばあ」と抵抗します……こんな子供は少なくありません。常にいらいらして不機嫌な様子が見られました。

そんなとき、担任は表面的な問題行動だけにとらわれて大声をあげて怒鳴りたくなりますが、その行動は氷山の一角です。その行動を起こす深いわけがあることを、後で感じさせられることがたびたびあります。

しかし、施設の子供たちはたくましく生活力があり、学校の行事では大活躍することも少なくありません。施設の子供たちに対しては、特別扱いではなく、細かい目くばりや心くばりが必要です。じっくり温かく関わることとともに、教職員全体で子供たちの様子や配慮すべきことを常に情報交換し、チームで取り組む体制をとっています。またクラスの他の子供たちにも、折に触れてA施設の話をして、両親と離れて施設で生活していること、施設の行事で頑張っていた様子などを紹介します。

A施設と関わって初めて知ったこともたくさんあります。施設の職員は施設に住み込み、我が子のように愛情深く大切に育ててくださっています。参観、懇談会などにも必ず参加され、子供の失敗を悲しみ、成長を喜ぶ姿に、よくこちらも胸が熱くなりました。また、施設はなるべく家庭に近づけるように工夫されていて、食堂で食べるだけでなく、各ホームで食事をしたり、季節の行事を大切にしたりして温かい雰囲気で子供たちを包んでいました。

SECTION 3　教師としての力不足に悩む毎日

ある年、虐待で措置されて入所したＣ君が在籍する高学年を担任しました。彼は普段は言葉数が少なく目立たない子供でしたが、いったんキレると手がつけられず誰も止められないと言われていました。１学期のある日、友達に暴力をふるっていた彼を、友達から引き離そうとした私に、彼は暴力をふるいました。私は髪の毛をわしづかみにされ、殺気立った彼の拳をよけるのが精一杯でした。自分より背が高く、鬼のような顔つきで向かってくるＣ君に、「身の危険を感じるような」怖さを感じたのも事実です。

なんとか教師としての体面は保ったものの、今度はいつ暴力をふるわれるだろう、そしてその暴力に負けてしまったら、このクラスは崩壊してしまうと毎日不安でたまりませんでした。この日から、Ｃ君は私の指示を聞かなくなり、教室ではケンカが絶えなくなりました。他の子供たちもイライラしてドアを蹴ったり、壁に体当たりしたりするなど、教室は「異常な状態」になりました。私は学級通信のタイトルにするほど「北風と太陽」の話が好きで、太陽になって子供の心に響く教師になりたい、子供を思うやさしさはきっと子供に届くと信じて、教師を続けてきました。しかしその信念がぐらつき、私がやさしく接しているから、なめられているのかもしれない。彼を上回る力を持って押さえつける方がうまくいくのでは……と毎日悩む日々でした。

SECTION 4 北風と太陽

１学期はＣ君が数回爆発したので、夏休みにＡ施設を何回か訪問し、彼の心に近づこうとしました。また、校内研修会では、学級の危機的状況を包み隠さず報告しました。２学期はなんとか無事に終わったものの３学期、また彼の暴力にさらされることになったのです。ある日、体育でラグビーに似たゲームをしていたとき、Ｃ君は友達がボールを奪ったと言って、その友達を突き飛ばして、顔を靴で踏みつけました。それを押さえようとした私と取っ組み合いになりました。私一人では押さえきれず、他の先生にも応援を頼み、２～３人がかりで押さえたものの、暴言を吐き、つばを吐き、他の先生のメガネも吹っ飛ばしました。応援に来てくれた教頭先生が「今まで、よう一人でやっていたなあ。これから何かあったら呼んで。危なすぎるわ」と言ってくださいました。

数日後、Ｃ君が些細なことで感情を爆発させ、投げつけた鉄製の工具が、私のあごに当たり、アゴが開かなくなりました。保健室で手当を受け教室に戻ると、私の机にあったティッシュペーパーを箱から全て引き出し、笑っていました。アゴが開かないのでしゃべりにくい状態のまま、ふりしぼって声をかけました。「きちんとしまってね」「嫌じゃあ」「Ｃ君が出したのだから、しまって」「なに～、きっしょいんじゃー、おまえは！」と言って、Ｃ君は机を蹴ってこちらに向かってきました。お互いに手をつかみ合って睨み合いました。私がぎゅっと力を入れると「痛い！」とじりじりと下がりました。ちょうどそのとき、教頭先生が教室に来てくださり、Ｃ君を後ろから抱きかかえてくれました。私は怖くて震えながらも、平気な顔を装い子供たちに言いました。「Ｃ君は事情があって、お父さんやお母さんと一緒に住めないのね。だから心が傷ついているの。だから暴力をふるってしまう。そんなときはそっとしといてあげて」と言うのが精一杯でした。Ｃ君は、うずくまって膝を抱えて聞いていました。

その日は昼休みも、再び、私と取っ組み合いになり、私の髪の毛をわしづかみにしました。一日に２回も暴力をふるった彼でした。

６時間目が終わり、他の子が帰っても彼は席から立ち上がろうとはしませんでした。私はそっと「ぼくはなんでいつもこうなるのだろうって、思っている？」としゃべりかけましたが、無表情で黙ったままでした。私は聞いていないのかと思いつつも、言葉を続けました。「先生は思っていることがあるの。Ｃ君は、時々腹が立ったら、抑えられなくなってキレてしまうでしょう。でもそれは、本当はＣ君のせいとは違う。Ｃ君は小さいとき、お家で辛い思いをしたでしょう。それでＡ施設に来たのね。そのＣ君の心の傷のせいだと思っている」。Ｃ君は、虐待で措置された子供でした。Ｃ君は黙って聞いていました。「その傷のことを先生や施設の先生は知っているよ。辛い気持ちも分かっているよ。でもＣ君が大人になって誰かに暴力をふるう事件を起こしたとき、誰がその傷のことを知っているかしら？」「何か事件を起こしても、Ｃ君の背中に『ぼくは、小さいときに心に傷を受けたから、暴力を振るいます』っていう看板を背負っているわけじゃないよね。暴力をふるったＣ君が裁かれる。そのとき、誰も助けてくれないよね」と話しました。私は、Ｂ小学校に転勤する前に弁護士の友人から、虐待されて育った子は心に傷を受け、他人に暴力をふるったり、挑発したりして人を試すということも聞いていました。

「今は子供だから許されても、大人になったら傷害罪だよ。だからＣ君、自分でカーッとなっても自分でコントロールするようになってほしい」。私がこう静かに話すと、Ｃ君は肩を震わせて涙をポロポロこぼして泣き出しました。私も彼の肩を抱いて、しばらく一緒に泣いていました。最後には、ごみ箱に捨ててあった、彼がひきぬいた私の束になった髪の毛を二人で見て笑って、彼は少し明るくなって帰っていきました。それから３月末までは彼は暴力をふるうことはありませんでした。

「教育は、やさしさより力が必要なのか」と信念がぐらつき悩む毎日でしたが、彼と心が通じたと思ったあの瞬間、「やっぱり力で押さえつける教育は間違っている。やさしさが人の心を解かす」「北風じゃなくて太陽が大切」と再確認することができました。

SECTION 5 親に大切にされてこなかった子供たち

A 施設の子供たちの中には、一筋縄ではいかない子も多く、私の教師としての力量を試される毎日でした。教師として貴重な体験をしたとともに、虐待された子がいかに大きな心の傷を負っているかということを、実感する毎日でした。

他人への加害少年が、実は同時に家族からの被害少年だったことは決して珍しいことではありません。多くの子供たちとぶつかり合い、互いに涙を重ねる出会いのたびに感じる痛みは、被害者となった子供たちの心の叫びでした。「思いやりに欠ける子」は、温かで慈しみのある養育を受けていない子供です。「人の気持ちを汲めない子」は、気持ちのこもった関わりを十分にもらっていない子供です。「すぐに文句を言う子」は、些細なことで責められてきた子供です。「人の嫌がることをよくする子」は、嫌な関わりを多く受けてきた子供です。「これでもかと手をかけさせる子」は、十分手をかけてもらっていない子供です（下川, 2002）。

愛されたいと強く願っていながらも、実際には大切にされないような言動を繰り返し、受け入れられたいと強く思いながらも、「うざい、どっか行けや」など避けられてしまうような言動を繰り返しているような子供たちです。「どうせ嫌われるなら、好かれようと努力するより、最初から嫌われる方が、傷が浅くてすむ」と防衛しています。「こんな行動をしているから嫌われた」と思う方が、傷が浅くてすむからです。彼らの心はいつも寂しさで冷え切っていて、大人を信用しない目をしていました。こちらが優しい言葉をかけてもなかなかその寂しさは埋まらない様子で、無力感に襲われることもたびたびでした。対応に苦慮し、教師としても自信をなくすことも何回となくありました。

SECTION 6 愛着障害とは

幼稚園教諭、小学校教諭、そして保育士を目指している学生たちに、筆者が繰り返して伝えていることが三つあります。「虐待を見逃さないこと」「保護者を支えること」「あなた自身が虐待しない保護者になってほしいこと」です。筆者が現場で働いているときに思い知らされたことは、「虐待され傷ついた子供が回復するにはかなりの時間や努力を要する。彼らは傷つきながら、まわりをも傷つけていく」ということであり、いかに虐待を防ぐかということが大きな課題であると感じました。

幼い頃に親との間で安定した愛着を築けない子供は、「愛着障害」を抱えることがあります。岡田（2016）は「愛着障害は子供のときだけでなく、大人になった後も、心身の不調や対人関係の困難、生きづらさとなってその人を苦しめ続ける」「対人関係や社会適応においても、生きづらさを抱えやすい」と述べています。また友田（2017）は、愛着障害があると心が不安定になるばかりか「脳神経の一部においても正常な発達を阻害されてしまう」と警鐘を鳴らしています。つまり愛着は後天的に身に付けたものであるにもかかわらず、まるで生まれ持った「遺伝子」のように、その人の行動や情緒的な反応、ストレスへの耐性など、人格的に重要な部分を左右し、結果的に人生さえも左右するのです。

家庭を取り巻く環境は変化しています。子育てに必要な精神文化は衰退し、少子化、核家族化、貧困化が進行し、子供と家庭に質的変化が起こっています。ICT 化など便利な世の中になることと反比例するかのごとく、育児の負担が増し、育児不安、育児ストレスを感じることが多くなり、育児の孤立化が進んでいます。育児情報は氾濫している一方、どの情報を選んでいいのかわからず、若い男女が根拠のないカリスマ性にいとも簡単に飛びつくような時代になっています。

また近年注目を浴びている、発達障害と虐待は無関係ではありません。米澤（2018）は「感情認知に問題のある自閉傾向の子供は、感情学習・発達の問題としての愛着の問題を持ちやすい」傾向にあり、保護者から「泣きやまなかった」などの育児困難の訴えが多いと述べています。発達障害のある子供は育てにくく、虐待される可能性が少なくありません。またマイルドな発達障害のある保護者は、子育てに困難を抱えています。感覚の過敏性、衝動性、集中力の欠如、注意の転導、こだわり、切り替えの悪さ等の特性を持つ保護者にとっては、子育ては困難の連続でしょう。そのような保護者を支えることは、幼稚園教諭や保育士の大きな役割です。まず、ケガや青あざはないか、虫歯はないか、ベタベタしたりまたは反抗したり情緒が安定していないか等、アンテナを高くして虐待を見抜くことが必要です。

しかし、母のしつけや育て方に問題があると非難すると、母は自信をなくします。保護者を支えることは、母を責めることではなく、その大変さをねぎらい、母を支え、元気にすることです。幼い頃自分の両親から大切にされず、愛着の問題を抱えた保護者も少なくありません。こちらが母をねぎらい支えることで、母も余裕を取り戻し、以前ほど子供たちに怒りをぶつけることがなくなり、それに伴い子供の状態も落ち着いてくるのです。友田（2017）は早い時期から子供を虐待の現場から引き離し、様々な支援を行っていくことが必要であると述べています。なぜなら子供の脳はまだ発達途上で、可塑性という柔らかさを持っているからです。早いうちに手を打てば回復することが分かっているのです。

また、学生たちは、やがて親になります。教師や保育士になるより可能性が高いかもしれません。そのときに、我が子を虐待しないでほしいというのが教員としての切なる願いです。

SECTION 7　愛着に課題を持つ子供への対応

不幸にして虐待された子供に対応するために、心がけることは「虐待する大人と対極の大人のモデルを見せる」ということです。例えば虐待する親には「ヒステリックに感情的に怒鳴る」「撫でるように可愛がるかと思えば殴る蹴ると猫の目のように変わる養育態度」「嫌みや皮肉を言う」「突然怒り出す」「夫婦間や周囲との人間関係が良くない」ことが、しばしば見られます。その「対極の大人のモデルである」ということは、「感情的に怒鳴らない」「叱る基準がぶれない」「嫌みや皮肉を言わず好意に満ちた語りかけをする」「教職員集団が信頼し合う」等、拙著（2009, 2012）で述べている通りです。

具体的には「挑発に巻き込まれない」「こちらの落ち着きを注入する」「しつこくネチネチ怒らない」「子供の気持ちをじっくり聞く」「自分の気持ちを表現させる」「感情的にならず、反対におろおろしない」「適切な距離を保つ」等が挙げられます。そして愛着障害のある子供に対応するには、愛着を育むキーパーソンが必要です（米澤，2018）。前述したように、母を「再度」キーパーソンとなるべく支えていくか、それが難しければ支援者の中でキーパーソンを探すことになるでしょう。筆者は、幼稚園、保育園、小学校では前者の方が効果は高く、高校生や大学生になれば後者の方が可能性は高いと考えています。大学では保護者の変容を願うよりも、社会への自立（一人暮らしも含めて）を視野に入れて、大学生をサポートする方が効果的であると考えています。つまり、具体的には、保護者より本人にターゲットを当てて、大学における修学支援によって資格や免許を取得し、就労支援を通して社会的自立に繋げていくということです。

教師や保育士などの対人援助者は心身ともに元気であることが重要です。愛着障害のある子供は、援助者に依存的になり、甘えを表出し依存することもあります。つい受容しなければと、できそうにないことまで引き受けてしまうこともあります。はじめからできることとできないことをはっきりさせて、付き合うことが重要です。また対象者によっては、カリスマ性やオーラを出す、つまり演技することも教師や保育士の能力の一つかもしれません。子供をサポートするとともに、自分自身もケアしながら、また教職員がチームとしてお互いに支えながら、この苦しくもやりがいのある仕事を継続してほしいと願っています。

［参考文献］

松久眞実・米田和子・高山恵子編（2009），『発達障害の子どもとあったかクラスづくり―通常の学級で無理なくできるユニバーサルデザイン―』，明治図書出版.

松久眞実・岩佐嘉彦（2012），『発達障害の子どもを二次障害から守る！―あったか絆づくり―』，明治図書出版.

岡田尊司（2016），『愛着障害の克服』，光文社新書.

下川隆士（2002），「育ちなおしの教育」，全国児童自立支援協議会非行問題（208），26-40.

友田明美（2017），『子どもの脳を傷つける親たち』，NHK 出版新書.

米澤好史（2018），『やさしくわかる！愛着障害―理解を深め、支援の基本を押さえる』，ほんの森出版.

CHAPTER 2

田原 昌子

横断的・縦断的な学びを見据えた領域「表現(音楽)」の指導力

SECTION 1 はじめに

幼稚園、幼保連携型認定こども園、保育所では、2017年に告示された幼稚園教育要領、保育所保育指針、幼保連携型認定こども園教育・保育要領により、2018年度から3歳以上の幼児に、いずれの施設でも同等の幼児教育を行うことになりました。

また、2017年に告示された小学校学習指導要領（以下新小学校学習指導要領）、中学校学習指導要領による教育は、それぞれ2020年度、2021年度から実施、2018年に告示された高等学校学習指導要領による教育は2022年度から実施と、現在、日本の教育は大きな変化の時期にあります。

一連の改訂で、これからの時代を生きていく子供たちに「生きる力」を、「知識及び技能」「思考力、判断力、表現力等」「学びに向かう力、人間性等」という3つの柱の「資質・能力」で、「主体的・対話的で深い学び」を通して育むことが求められています。

幼児教育における「健康」「人間関係」「環境」「言葉」「表現」の5領域に相互関連を持つ日々の活動は、「資質・能力」を育む小学校教育へと接続される活動であり、さらに10項目の「幼児期の終わりまでに育ってほしい姿」という幼児期の成長の姿という目標が記されたことで、この目標に向けた活動であることが求められています。

本稿では、幼児教育を担う人の実践力向上の一助となることを目指し、幼稚園教育要領、新小学校学習指導要領の理解に基づいた、領域「表現」の音楽活動に必要な指導力について考察します。

SECTION 2 幼稚園教育要領と新小学校学習指導要領の改訂点

幼稚園教育要領、新小学校学習指導要領音楽科の改訂点を整理し、幼児教育・初等教育を担う人の指導力を考えます。[1)]

1. 幼稚園教育要領の改訂点

次の７点を旧幼稚園教育要領から改訂された顕著な点として挙げることができます。

①現行の教育要領には掲載されていなかった「前文」が付加された点
②「幼稚園教育において育みたい資質・能力及び『幼児期の終わりまでに育ってほしい姿』」が記された点
③幼稚園における教育活動の展開のための全体的計画に留意した教育課程と「カリキュラム・マネジメント」の実現化の必要が記された点
④３歳児入園への配慮、小学校教育との接続についての留意が記された点
⑤指導計画の作成と評価について記された点
⑥配慮の必要な幼児への指導が記された点
⑦幼稚園運営上の留意や教育時間外の教育活動などについて記された点

これらの改訂点の中で、幼児教育は小学校教育へ繋ぐ学びの場であり、「適切な教育課程」のもとで、②の「幼稚園教育において育みたい資質・能力及び『幼児期の終わりまでに育ってほしい姿』」に向け、活動内容や指導を工夫して幼児教育を行うことが明示された点が、最大の改訂点です。

幼児教育で育みたい「資質・能力」は、「知識及び技能の基礎」「思考

力、判断力、表現力等の基礎」「学びに向かう力、人間性等」で、5領域の「ねらい」に表されています。各領域、あるいはいくつかの領域に跨る多様な活動を通して、「(1) 健康な心と体 (2) 自立心 (3) 協同性 (4) 道徳性・規範意識の芽生え (5) 社会生活との関わり (6) 思考力の芽生え (7) 自然との関わり・生命尊重 (8) 数量や図形、標識や文字などへの関心・感覚 (9) 言葉による伝え合い (10) 豊かな感性と表現」の10項目の「幼児期の終わりまでに育ってほしい姿」を育むことが、目標とされています。この10項目の幼児の姿を受けて小学校教育へと学びが接続されるよう、5領域と学校園を跨いだ幼児期の遊びを通した学びの指導力が、今まで以上に必要とされていると言えます。

領域「表現」においては、「内容の取扱い」で新しく付記された「風の音や雨の音、身近にある草や花の形や色など自然の中にある音、形、色などに気付くようにすること」が改訂点として挙げられます。

このことから、10項目の「幼児期の終わりまでに育ってほしい姿」の「(10) 豊かな感性と表現」を育む、特に、「(7) 自然との関わり・生命尊重」との関連を深め、自然と十分に関わりを持つことを通して、感動する心、すなわち、豊かな感性を育み、それを身体や声や言葉を通して表現し、その表現がフィードバックされることで、より自らが納得できる表現へと高められるという、学びを深める活動を計画し実践する力が、幼児教育を担う人に求められています。

2. 新小学校学習指導要領　音楽科の改訂点

新小学校学習指導要領　第2章第6節　音楽　の「教科の目標」、幼児期と隣接する「第1学年及び第2学年の指導内容」、「指導計画の作成と内容の取扱い」の改訂点から、小学校音楽科学習の指導力について考えます。

〈教科の目標〉

次の３点が、３つの柱で示された音楽科で育む「資質・能力」として明記されたことが、改訂点として挙げられます。

(1)「知識・技能」…「曲想と音楽の構造などとの関わり」を理解し、「表したい音楽表現をするために必要な技能」を身に付けること。

(2)「思考力・判断力・表現力等」…「音楽表現を工夫すること」や「音楽を味わって聴く」こと。

(3)「学びに向かう力・人間性等」…「音楽活動の楽しさを体験することを通して」、「音楽を愛好する心情と音楽に対する感性」、「音楽に親しむ態度」を養い、「豊かな情操」を育成すること。

この音楽科の目標には、「音楽を愛好する心情」や「音楽に対する感性」を育てることだけでなく、「音楽的な見方・考え方を働かせ」、「生活や社会の中の音や音楽と豊かに関わる」ための「資質・能力」を育てること、さらに、個人として音楽と関わるだけでなく、「生活や社会の中」の他者と関わり、多様性を受け入れることのできる人の育成が記されています。

このことから、音楽科学習を通して、このような人の育成ができる指導力が求められます。

〈第１学年及び第２学年の指導内容〉

次の２点が改訂された特徴として挙げられます。

(1) 表現（歌唱・器楽・音楽づくり）や鑑賞の活動を通して、「知識や技能を得たり生かしたり」すること。

(2)「曲想と音楽の構造との関わり」について気付くこと。

これらの２点が明記されることで、音楽活動を通して、「表現を楽しむため」の知識や技能が、より深く音楽を理解した活動へと導かれる、すなわち、音楽科の目標にある、「音楽的な見方・考え方」を深め、「深い学び」へと繋ぐことができる指導力が求められています。

〈指導計画の作成と内容の取扱い〉

以下の５点を改訂点として挙げることができます。

(1)「主体的・対話的で深い学びの実現を図るようにする」ため、「思考、判断し、表現する一連の過程を大切にした学習の充実を図る」という、学習計画作成の根本的考えが示されたこと。

(2)「音楽科の特質に応じた言語活動を適切に位置付けられる」ように表現、鑑賞の指導において音や音楽だけでなく、言葉を用いて音楽表現や鑑賞の思いを互いに交換し合うという、他者とのコミュニケーション能力の育成が示されたこと。

(3)「生活や社会の中の音や音楽と主体的に関わっていくことができるように」、学校教育の音楽としてだけではなく、日々の生活の中で、また社会の中での音楽文化との関わりを持つことができるような資質・能力を育成することが示されたこと。

(4) 表現・鑑賞する音楽には「著作者がいることに気付き、学習した曲や自分たちのつくった曲を大切にする態度」を養い、「音楽文化の継承、発展、創造を支えていることについて理解」する資質・能力を育成することが示されたこと。

(5)「指導内容や指導方法の工夫」について、さらに以下の４点が明記されたこと。

・低学年の指導において、「他教科等との関連を積極的に図り」、「生活科を中心とした合科的・関連的な指導や、弾力的な時間割の設定」の工夫や、「幼稚園教育要領等に示す幼児期の終わりまでに育ってほしい姿との関連を考慮すること」が明記され、特に、他教科と柔軟性を持って関連づけたり、10項目の幼児の姿を踏まえた幼児教育との接続を鑑みたりと、「弾力的な時間割の設定」、指導内容や方法の工夫が求められていること。

・「我が国や郷土の音楽の指導に当たっては」、「音源や楽譜等の示し方、伴奏の仕方、曲に合った歌い方や楽器の演奏の仕方などの指導方法を工夫すること」。

・歌唱教材で「我が国や郷土の音楽に愛着がもてるよう」な、わらべうたや民謡の取り上げ、また、「和楽器」が中学年で取り上げる旋律楽器の例として示され、音楽を通して日本の文化を理解する指導内容にすること。

・表現と鑑賞の指導の関連を図ったり、「コンピュータや教育機器を効果的に活用できるように」したり、さらには「障害のある児童」について、指導内容・指導方法を工夫すること。

今回の改訂では、全教科に共通して「社会に開かれた教育過程」の実現を目指し、「資質・能力」を育成することに重きが置かれています。小学校音楽科教育においても３つの柱の「資質・能力」の育成を目指して、「アクティブ・ラーニング」や「カリキュラム・マネジメント」を実現することで、「主体的・対話的で深い学び」ができる指導力が求められています。

平野[2)]は、「音楽科において育成すべき資質・能力」を、「音楽科の本質に関わる資質・能力（音楽科の資質・能力）」と「教科や学校の枠をこえて働かせていく資質・能力（汎用的能力）」という２面から、授業の取り組みを見据えて、「資質・能力」を整理しています。すなわち、小学校における教科教育としての音楽を指導する力と、音楽で人間として「生きる力」を育む力、すなわち教科を横断的に、学校園を縦断的に跨ぐ指導力が、初等教育を担う人には必要です。

SECTION 3 幼児教育における領域「表現」活動の指導力

幼児の表現活動は多様ですが、音楽活動の一つである「歌唱」活動に必要な指導力について考えます。

1. 幼児教育現場の幼小接続・連携の取り組みの現状と実践的指導力

2016年7月に、私立幼稚園A（大阪府和泉市　幼稚園　認定こども園）・私立幼稚園B（大阪府大阪市　幼稚園　認定こども園）で、①幼稚園教育と小学校教育の接続・連携の捉え方、②近隣小学校との接続・連携の取り組み、③幼稚園教育と小学校教育の接続・連携を意識した幼稚園の活動や取り組みの具体例、の3点で、聞き取り調査を行っています。[3)]

2019年5月・6月に、私立幼稚園C（京都府京都市　幼稚園）を先の2園に加えた計3園で、幼小の接続・連携に関する取り組みで、以前といかなる変化があるか、各幼稚園長から聞き取りました。その結果、次の3点が、共通した取り組みの現状として挙げることができます。

・旧幼稚園教育要領の下での日々の活動を支える考え方、活動の取り組みを特に変えるのではなく、それまでの各園で展開していた多様な活動の意義を、現行の幼稚園教育要領に照合して再確認したこと。

・各園とも少子化の影響を受け、幼稚園の近隣だけでなく、通園バス等を利用して遠方からも通園している園児がいるため、近隣の小学校と活動連携の機会があっても、園児の通う小学校との活動連携が難しいこと。

・日々の活動の積み重ねが、小学校教育での学びへと接続することを再認識し、5歳児を担当する教諭だけでなく、3歳児・4歳児担当の教諭も学びの接続の意識を持ち、今まで以上に、同年齢児クラス担当者間だけでなく、異年齢児クラス担当者間でも保育内容を共有していること。

これらのことから、現在、幼稚園（特に私立幼稚園）では、今までより一層、小学校への学びの接続を意識して日々の活動を考えて実践しておられることがわかります。この取り組みから、幼児教育を担う人は、何歳児の担当であったとしても、

・幼児教育の先にある小学校教育、さらにその後に続く教育があることを見据え、生きる力を育む担い手であることを常に意識すること。
・相互に連携を持ち、日々の活動内容が、小学校教育へと接続されることを見据えること。

が、指導力として求められます。

2. 音楽表現としての歌唱活動の基本的な指導力

子供の歌唱表現力は、周りの人の声を聴き、自らの声を使って発声し、言葉が出るようになれば、何かの言葉に即興的に自ら旋律を付けて歌い、その後、わらべうたや童謡、多様な幼児の歌を歌う、という段階で発達していきます。幼児は、自然や身の回りにいる人々との関わりを持ち、音や言葉を聴き、それらを自らの身体や声や言葉で表現し、周りとコミュニケーションをとり、その表現をフィードバックして表現の楽しさを、遊びを通して学びます。

幼児教育を担う人は、まず、自然や園生活の中にある音・音楽に耳を傾けて「聴く」ということを、園児と共に自らも経験することが大切です。幼児を取り巻く環境の音・音楽に興味を持つこと、例えば、虫の

声、動物の鳴き声、風や雨の音、サイレンや車の音、食器の触れる音、ドアを開け閉めする音といった日常生活の中にある音や、地域のお祭りの太鼓の音等の行事に関わる音等、身の回りにある音に何気なく身を置くのではなく、平素から感性を研ぎ澄ませ、音・音楽・それらを取り巻く環境に気付き感動する心、すなわち豊かな感性を持つことが指導力の基本と言えます。

3. 指あそび・手あそび・身体あそびの歌の指導力

指あそび・手あそび・身体あそびは、歌詞の内容、歌詞に伴う動作や掛け声等の面白さを、幼児が一人で、あるいは他者と一緒に感じることができるあそびです。これらのあそび歌の多くは、旋律の音程が話し言葉のイントネーションに近く、音の高さや歌詞の意味にとらわれることなく歌うことができ、歌詞や曲のリズムに合わせて自然に身体を動かすことができる楽曲です。また、歌に合わせて、指・手・身体の一部、あるいは全部を動かすということは、身体の発達はもちろん、同時にいくつかの動作をすることで、子供たちの脳の発達にも有効な活動となります。

楽器の伴奏を特に必要とせずに活動ができるあそび歌は、指導者の表情、歌（声）、動きが、幼児の活動を支えます。幼児と一緒に自らも楽しみ、新小学校学習指導要領「音楽を形づくっている要素」の理解に基づき、リズムやテンポを変えたり、場合によっては歌詞を変えたりしながら、活動に変化をつける指導力があることが望まれます。

しかし、身体表現を伴うあそび歌を用いた活動は、何かの主活動の導入時に、静かに指導者の話を聴く準備としてのパターン化した活動として取り上げられることが多くあります。単なる主活動の導入としてあそび歌を扱うだけでなく、子供たちの発達段階を見極め、いかなる目的で用いるのかよく検討し、詞の内容や遊び方も十分研究した上で、あそび歌を用いることが必要です。

あそび歌を活動の展開の中でいかに位置づけるかは、幼児の一日の活動の流れによって異なりますが、たとえ主活動としてではなくとも、指や手、身体を使って（健康）、表現を人と一緒にする（人間関係）ことで、あそび歌を伴った活動が他領域に跨り、さらに小学校音楽科の「音楽を形づくっている要素」の学びに繋がります。

幼児教育を担う人は、指あそび・手あそび・身体あそびの歌の活動が、このように、他領域や小学校への接続を見据えた活動として意義があることを理解して取り組むことが大切です。

4. 幼児の歌を用いた歌唱表現活動の指導力

現在、実践の場で歌われている幼児の歌には、指あそび・手あそび・身体あそびの歌、即興的に子供たちが口ずさむ歌以外に、わらべ歌・童謡・唱歌・映画やテレビの主題歌等、多種多様にあります。

幼児の活動で取り上げる歌は、いかなる楽曲も、歌詞と旋律、すなわち言葉と音程・音価による音楽の流れで、多岐にわたる心情や情景を表しています。特に歌詞は、言葉を通して季節や天候、自然、動植物等の様子や情景、親子・家族・仲間との人間関係や心情、身体や日々の生活、さらには、幼児を取り巻く多様な行事や文化等が、短く平易な詞・詩で表現されています。

詞・詩の一つの言葉がもつイントネーションやリズム、強弱、さらには、詞・詩の句の反復、呼びかけとこたえ、変化等、「音楽を特徴付けている要素」「音楽の仕組み」といった、新小学校学習指導要領に記載されている「音楽を形づくっている要素」が、詞・詩にはあります。

幼児は、歌を歌う、即ち、発声をすることで、呼気・吸気による運動機能の発達や成長が促され、旋律、音の高低、強弱、拍、フレーズを感じ、さらに、幼児教育を担う人の伴奏が加わることで、調、音の重なりや響き等、音楽としての拡がりを感じることができます。

大きな声で元気よく歌うことや、歌詞の意味の理解が幼児の発達段階から大きくかけ離れ、音楽的にも難易度の高い歌を歌うことだけを目指すことが、幼児の歌の指導ではありません。幼児の発達段階を理解し、幼児が歌うことの楽しさや喜びを感じて表現すること、さらにその歌の背景や情景、心情を感じるという感性を養うことを目指し、いつ（時期）、どのような曲（教材）を、いかに（方法）教えるかを、継続して研究する態度・能力をもつことが、幼児教育を担う人の歌唱表現指導に必要な資質・能力と言えます。

幼児の歌を歌う活動は、身体表現・造形表現といった表現領域の活動としての意義だけでなく、健康・人間関係・環境・言葉という他領域と密接な関わりがあることは、言うまでもありません。身体活動（健康）を伴ったり、歌詞（言葉）を用いて、家族や友達、あるいは、身近な人々との関係や心情（人間関係）、さらには、動植物や自然の様々な様相、季節や行事（環境）等、他領域の活動と深く関係があります。

幼児の歌は、小学校低学年の音楽科教材として取り上げられることが多くあり、その歌唱表現活動は、音楽科は当然のこと、他の教科学習に強い関連があります。筆者は、その関係を具体的に文部省唱歌「かたつむり」を例に挙げ、国語科、理科、体育科、生活科等の学習として、いかに接続・発展させるか考察しています。その内容の要約[4)]を以下に記します。

小学校第１学年音楽科共通教材にある「かたつむり」の歌唱表現活動は、幼児期の、楽しく歌う、歌に合わせて身体表現して楽しむという活動から、小学校音楽科学習の「曲想と音楽の関わりについて」気付いたり、他者と一緒に「協働して音楽活動をする楽しさを感じ」たりする学習へと発展させることが期待できます。

さらに、小学校低学年の指導は、新学習指導要領で「他教科等との関連を積極的に図り」、「生活科を中心とした合科的・関連的な指導や、弾力的な時間割の設定」の工夫をすることで、指導効果を高めることが求められています。「かたつむり」の歌唱活動は、自然観察学習などでカタツムリを見つけ、観察したり飼育したりする等の学習を通して、「かたつむり」の歌詞にある、カタツムリのつの、やり、めだま、あたまを発見したり動きを理解したりする理科的視野での学びが、表現への思いを深めることへと繋がります。

また、子供の生活の身近な場面で、自分がカタツムリを見つけた場所や地域の様子を他者と話し合うことで、「音楽経験を生かして生活を明るく潤いのあるものにしようとする態度を養う」指導へと繋がり、小学校での「主体的・対話的な学び」として深められます。

このように、幼児期の５領域に跨る総合的な活動としての歌唱活動は、小学校での学習へと接続されていくことから、幼児教育を担う人は、その活動が小学校での学習、特に低学年の学習にいかに接続されていくのかという展望を持つことが大切です。

SECTION 4 おわりに

幼児教育を担う人には、幼児期の表現活動が、遊びを通していかに学びとなるのか、その活動のねらいを押さえ、表現以外のいかなる領域のねらいや内容と関わりがあるのか、また、10項目の「幼児期の終わりまでに育ってほしい姿」のいかなる姿を目指した活動であるのか、さらには、その活動が、小学校での学習にいかに接続・発展されていくのかという見通しを持って、日々の活動を担うことが期待されます。

幼稚園での特に年長児を対象とした取り組みが、カリキュラムだけでなく、実践的にどのような内容の活動が、どのような方法で行われてきたかを、特に小学校第1学年の教諭が知ること、また、幼稚園教諭が小学校第1学年の学びはどのようなものか、小学校の全教科の目標と内容や実践的な取り組みについて知ることは、双方の教育内容を充実させ、「円滑な接続」を可能にすると言えるでしょう。

音楽教育は、音楽を教えるのではなく音楽で人を育むこと、すなわち人間教育です。教育者自らの表現力、感性、創造性が幼児のそれらを育む原動力となることから、自らのそれらを磨く、たゆまぬ努力が必要です。子供たちの豊かな感性を育て、豊かな情操を養い、心豊かに生きる力を育むことを目標として、子供たちの「資質・能力」を育む教育者になられることを切に願っています。

[注]

1）田原昌子（2018）「小学校低学年音楽科教育の新しい動向を探る―フィンランドのナショナル・コア・カリキュラム改革を参照して―」プール学院大学研究紀要，第58号，pp119-122.

2）平野次郎編著（2017）『小学校新学習指導要領のカリキュラム・マネジメント

シリーズ 「資質・能力」を育成する音楽科授業モデル』，学事出版，pp13-14.
3）田原昌子（2017）「学童期を見越した幼児期の音楽表現指導法に関する一考察―幼児教育と小学校教育の接続・連携を目指して―」，プール学院大学研究紀要，第 57 号，pp232-233.
4）前掲紀要，pp235-238.

［参考文献］

高櫻綾子（2019）『子どもが育つ遊びと学び 幼保小の連携・接続の指導計画から実践まで』，朝倉書店.
教育マイスター研究会（2018）『ユニバーサルデザインへの挑戦』，東洋館出版社.
無藤隆（2018）『幼児期の終わりまでに育ってほしい 10 の姿』，東洋館出版社.
田島信元・佐々木丈夫・宮下孝広・秋田喜代美（2018）『歌と絵本が育む子どもの豊かな心－歌いかけ・読み聞かせ子育てのすすめ－』，ミネルヴァ書房.
山下薫子（2017）『小学校新学習指導要領ポイント総整理 音楽』，東洋館出版社.
宮崎新悟・志民一成（2017）『小学校新学習指導要領の展開 音楽編』，明治図書.

CHAPTER

3

西川 恭一

かずとかたち

SECTION 1 幼児教育と算数

ここ数年、保育者（保育士及び幼稚園教諭）をめざす学生に対して「幼児教育と算数」に関わる授業に携わっています。その中で気になること、大切にしていることをまず述べます。

気になることというのは、将来保育に携わろうとする学生の、算数という教科に対する理解が不十分という点です。例えば、幼稚園児でたし算やひき算ができる子がいたとしたら「その子は賢いし、算数が得意である」と短絡的に結びつけてしまいます。これは学生だけでなく、一般的にもそう思われがちなことかもしれません。しかし、筆者は小学校教諭時代に１年生の担任を何回か経験しましたが、子供が入学当初にたし算やひき算ができても、決して算数の力が順調に伸びていくわけではない実態をたくさん見てきました。逆に、先取りした知識が邪魔をして、算数の授業に興味をもつことができない子供さえいました。ですから学生たちには「幼児教育と算数」という点において大切なことは算数を教えることではなく、その素地を培い意欲を高めることだと伝えています。

大切にしていることというのは、その素地を培うためにどうすればよいか、それをどのように伝えるかという点です。「算数の学習＝教科書の内容を理解すること」と捉えている学生が多く、「子供たちの遊びや生活の中に算数がいっぱい隠れている」と話すと、怪訝そうな顔をします。そこで、課題として「遊びや生活の中でのかず探し、及びかたち探し」を提示し、学生がそのことに取り組むと、改めて子供たちの周囲には多くの数字や、丸、三角、四角などの「かたち」が存在していることに気付きます。この遊びや生活の中にある「かず」や「かたち」について、算数の素地を培うために「いかに保育の中に取り入れていくかを考えることが大切である」と伝え、授業の方向性を理解してもらいます。

SECTION 2 「かず」と「かたち」の教材化

次に、身の回りにある「かず」や「かたち」を具体的に保育に活用するにはどうすればよいかという点について、要点を整理します。

1）保育者自身が意識して、遊びや生活の中から「かず」や「かたち」の教材になりそうなものを見つける力量を持つ。

いくら遊びや生活の中に「かず」や「かたち」が隠れているといっても、保育者自身がそれを意識し、見つける力を持たなければ始まりません。その力量を高めるために、授業で実際に遊びやゲームを通した教材の具体例を紹介し、教材化と教具の工夫について繰り返し話します。

2）教材化の段階で、必ずその教材のねらいを明らかにする。

保育にも一つ一つの活動に必ずねらいがあります。従って指導内容を考える際に、算数の素地を培うためのねらいを明らかにします。場合によっては、幼稚園教育要領にある５領域（健康・人間関係・環境・言葉・表現）の中のねらいを含むこともできます。

3）保育に活用するために、より良い教材研究と教具の工夫をする。

学生の中には「教材」と「教具」の違いがしっかり理解できていないという実態があります。具体的な教材をもとに、より良い教材にするための研究、及び教具の工夫について紹介し、それぞれの理解を深めています。例えば、同じ遊びでもその条件やルールを変えたり、教具を工夫したりすることで、対象児を年少、年中、年長から選ぶことができます。

なお、教具については、次の理由からできる限り手作りのものを推奨しています。

・子供の実態に合わせた工夫が可能である。
・手作りの温もりがある。
・廉価である。

SECTION 3 「かず」遊び

1.「かず」を理解するとは？

小学校では、「数」を「かず」とは読まず、「すう」と読むことが多いのですが、ここでは今まで通り「かず」とします。
「かず」についての理解で、筆者が必ず例に挙げるのは「100まで数えられる子」の話です。昔からお風呂で覚えたという話をよく耳にしますが、実際に幼児でも100まですらすら唱えられる子がいます。しかし、その子が本当に100までの「かず」を理解しているかというと、そうでない場合が多いようです。なぜならば、その子は「かず」の理解について、次の図の「数唱」ができているに過ぎないからです。

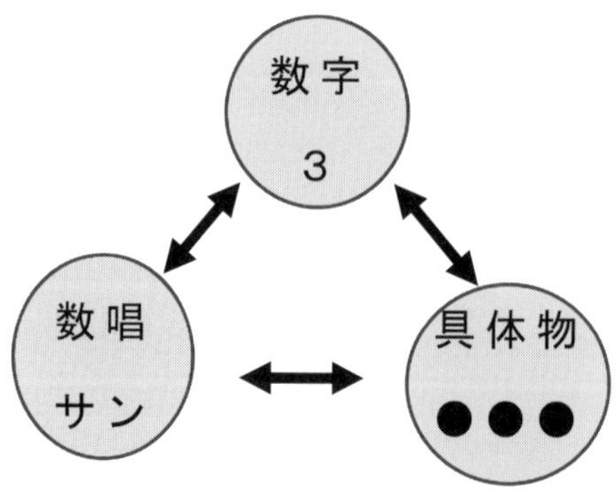

もちろん、唱えられるということだけでも素晴らしいことなので、そのことを否定するつもりはありません。しかし、「かず」を理解するということは、前頁の図の関係がきちんと分かるということなのです。これを「数のトライアングル」と呼んで紹介しています。

では、実際に幼児にとって「かず」の理解はどこまで可能なのか。個人差が大きいことは言うまでもありませんが、おおむね、年少児で１～３、年中児で１～５、年長児で１～10の理解が可能といわれています。

次に具体例を挙げます。

2.「かず」遊びの具体例

①すごろく遊び

すごろく遊びは、子供たちにとっても身近な遊びの一つです。出た目の数からコマを進める中で「かず」の理解の素地を培う要素が含まれていると言えます。

〈ねらい〉・出た目の数だけコマを進めることを通して数と触れ合う。

〈準備物〉

・すごろく盤

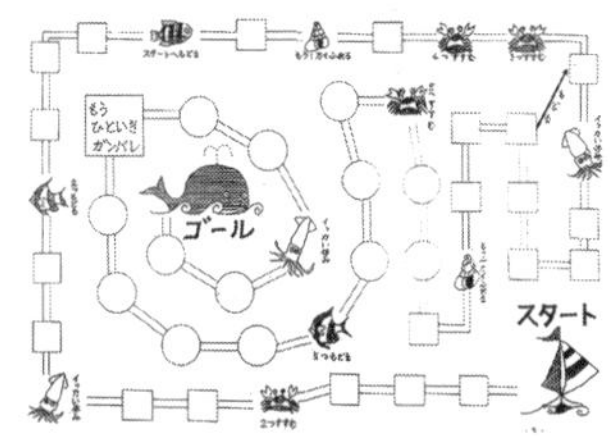

・サイコロ

〔正六面体サイコロ〕

〔正二十面体サイコロ〕

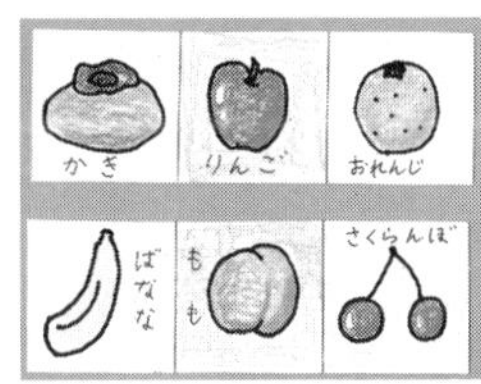

〔絵サイコロ（正六面体）〕

サイコロの種類や目の数は、子供の実態に合わせて決めます。目安として年少児は１～３、年中児は１～５、年長児なら１～10という具合です。絵サイコロは、「かず」の代わりに文字の数で進むものです。例えば「かき」なら「か・き」と２コマ進みます。数が分からない子もできる利点があります。

すごろく遊びは、ルールを覚え、できるようになるまで少し時間を必要とします。でも、慣れてくると繰り返し遊ぶことで、よりねらいを達成する効果が期待できます。また、二つのサイコロを同時に振り、その合計分を進むようにすると、たし算の素地を含むことも可能です。

②カード遊び

カード遊びは１～９（10）までのカードを使った遊びです。トランプゲームをヒントに教材化するのもよいし、オリジナルのゲームを考案しても面白いと思います。

〈ねらい〉・カード遊びを通して、簡単な数の順序や大小関係について知る。

〈準備物〉

・数字カード、数図カード

〔数字カード１～９〕

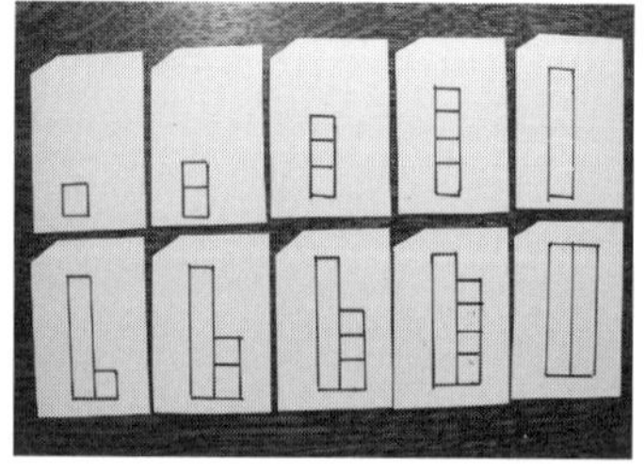

〔数図カード１～10〕

基本的には数字カードを使いますが、場合によっては数図カードを使うのもよいと思います（数図カードは、数を量的にしかも視覚的に捉えることができ、様々な活用方法があります）。

カードゲームでも扱う数の範囲はすごろく遊びと同様ですが、子供の実態に合わせて弾力的に扱うことも必要だと思います。学生の考えたカードゲームをいくつか紹介します。

その１．真ん中にカードを裏向けに積み上げ、１枚ずつ取る。同時に表を見せ、一番大きな数の人が他の人のカードをもらえる。

その２．（全員にカードを全て配った後）もらったカードを順番に並べ、続き番号でよりたくさん並んでいる人が勝ち。

その３．トランプの「神経衰弱」の変形です。全てのカードを裏向きに置き、一人ずつ順に３枚表を向け、合わせて10（合わせて５）になる２枚があれば、その２枚のカードがもらえる。

※配るカードの数の範囲や枚数は、子供の実態、参加人数に合わせる。

③集団遊び

ここでは「歌遊び」と「ミニゲーム」を紹介します。それぞれ、子供たちにとって楽しい遊びやゲームなのですが、そこに「かず」の素地を培うための工夫（教材化）を施します。

１）歌遊び

「数え歌」はたくさんあり、「かず」が前面に出ている有用な教材です。例えば「幸せなら手をたたこう」の歌でも、歌詞の終わりの「ほらみんなで手をたたこう」の部分を「ほらみんなで３回たたこう」と回数を入れるだけで「かず」のねらいが入ってきます。３回を４回、５回と替えたりすることで子供たちも耳を澄まし、興味を持って参加することができます。

２）ミニゲーム

ミニゲームもいくつかありますが、次の三つをご紹介します。

「拍手で集まれ」は、10人ぐらいから何人でもできます。ルールは、指導者がゆっくり拍手をし、その数と同じ人数で集まったグループから座わり、その速さを競います。拍手を３回、４回、５回と替えたり、拍手のスピードを変えたりすると盛り上がります。また、拍手を聞くときの集中している姿がほほえましいです。

「10秒当てゲーム」は、目を閉じ、指導者の合図で心の中で10秒を数え、数えたら手を挙げ（またはその場に立ち）ます。ぴったり賞を目指します。数唱だけなのでそれほど難しくはありません。

「人間ビンゴ」は、4～5人か5～6人のどちらかのグループに分け、指導者の「イチ、ニのサン」の合図で、子供たちは手を挙げ（またはその場に立ち）ます。その際、指導者は合図と同時に手を挙げ、指で1～4（または5）を示します。指で示した数と手を挙げた人数（または立った人数）がぴったりだとビンゴになり得点します。グループでの相談が始まりコミュニケーションにも役立ちます。

SECTION 4 「かたち」遊び

1. 小学1年生の「かたち」の学習

『小学校学習指導要領解説 算数編』[1)] に1年生の図形の学習として「ものの形を認め、形の特徴を知る」という内容があります。具体的には「さんかく」「しかく」「まる」の平面図形について理解するということです。

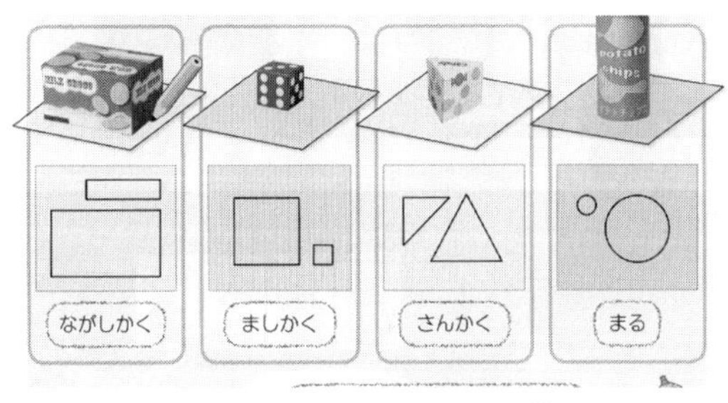

『しょうがくさんすう1ねん』[2)]

また「具体物を用いて形を作ったり分解したりする」という内容もあります。これは、下図のように直角二等辺三角形のカードを使って「ずらす」「まわす」「うらがえす」という操作をすることを指しています。

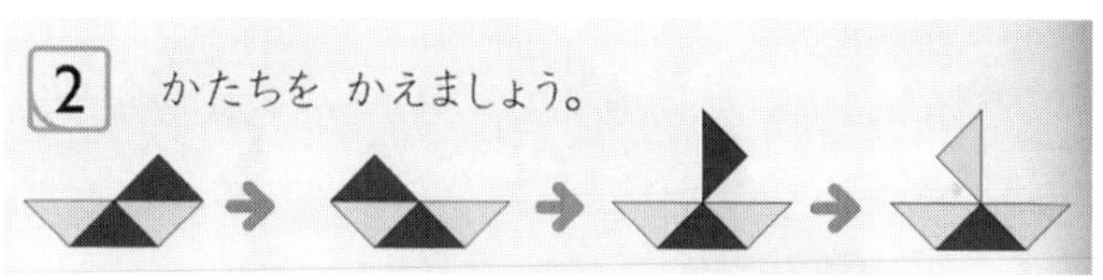

『しょうがくさんすう 1』[3)]

これらの内容を受けて、その学習の素地を培うための「かたち」遊びの具体例を次に挙げます。

2.「かたち」遊びの具体例

①三角ジグソー遊び

三角ジグソーというのは、正方形を下図にあるように直角二等辺三角形８枚に切り分けて作ったものです。作る楽しさとばらばらのカードを組み合わせる面白さがあります。

〈ねらい〉・好きな絵を描き、三角ジグソーを作る楽しさを味わう。
・絵を組み合わせていく中で、ずらす、まわすなどの操作を経験する。

〈準備物〉・正方形（一辺 12～15cm ぐらい）の白ボール紙

〈作り方〉

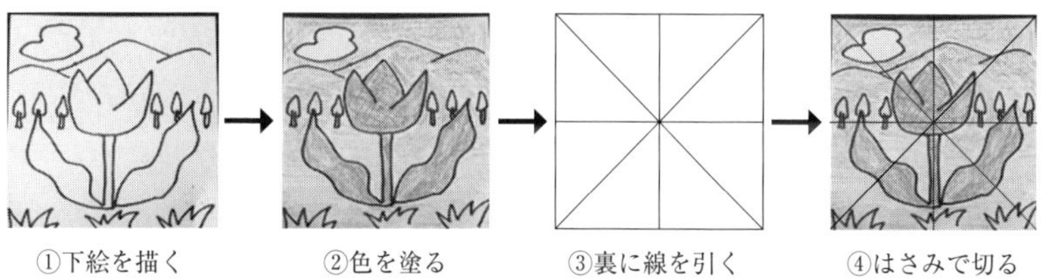

①下絵を描く　②色を塗る　③裏に線を引く　④はさみで切る

子供たちは元来ジグソーパズルが好きで、組み合わせては壊し、また、作り直すという姿をよく見かけます。大人と違い絵を完成させることが目標ではなく、繰り返し組み合わせる行為そのものに興味を持っているようです。

紹介した三角ジグソーでは、「ずらす」「まわす」の二つの操作が行われますが、「うらがえす」操作はありません。少しレベルが高くなりますが、裏にも絵を描くことにより「うらがえす」操作も可能になります。また、このことは前述の「教具の工夫」にも繋がります。

次の作品は、授業で学生が作ったものです。

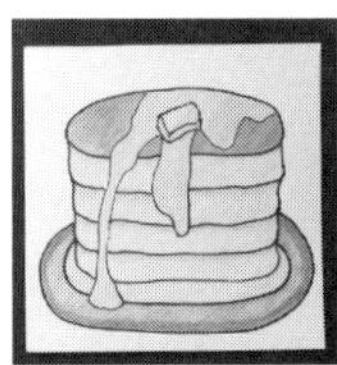

②タングラム遊び

タングラムは昔から広く親しまれているパズルです。7片の形から様々な絵が作れます。作品として作るのもよいですし、作られた作品に取り組むのも楽しいです。ここでは後者についてお話をします。

〈ねらい〉・作品を仕上げる中で、操作に慣れるとともに形に親しむ。

〈準備物〉・タングラム（一辺 12～15cm ぐらい）　・作品

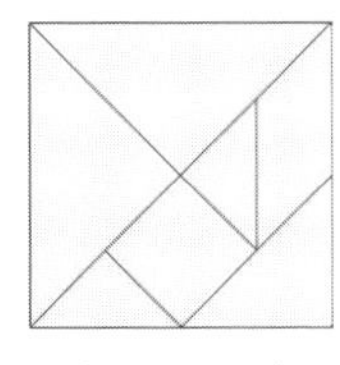
（タングラム）

（作品例）

片（辺）と片（辺）がピタッとくっついたり、どの形を使って組み合わせてあるのかわかりにくかったりするのは、タングラムに次の特徴があるからです。

・辺の長さはたくさんあるように見えるが、長いものからa、b、c、dの４種類のみで、しかもa=２c、b=２dの関係になっている。
・面積も一見多くあるように見えるが、広いものからe、f、gの３種類のみで、しかもe=２f=４gの関係になっている。

上で紹介した作品は幼児には難しいので、教材の工夫として片の数を少なくして出題することを伝えます。以下が学生の考えた作品です。

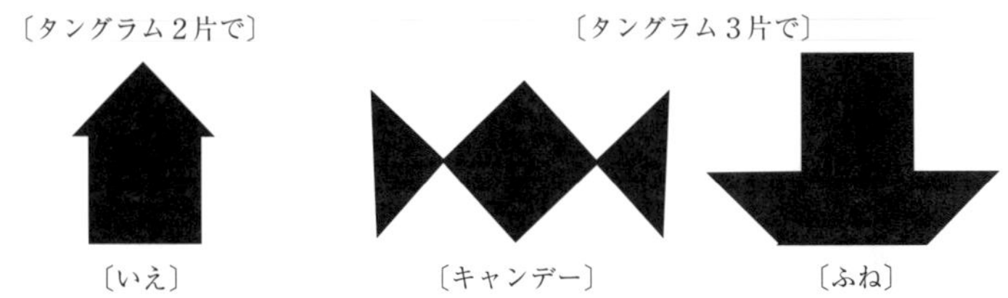

〔いえ〕　〔キャンデー〕　〔ふね〕

③折り紙遊び

折り紙遊びのメリットもたくさんありますが、誌面の都合上省きます。

ここでは、学生が作成した折り紙遊びの指導案をご紹介します。

1．対象児　　5歳児（ 25 ）人
2．設定活動　おりがみあそび
3．設定時間　30分
4．ねらい

・折る度に変化する形を楽しむ

5．指導の流れ

指導の流れ（幼児の活動）	環境構成（○準備物　◎援助　・その他）
・自分のグループのところにイスを持って行き、座る。 ・かたつむりについての絵本を見る。 ・かたつむりの歌をうたう。 ○折り紙でかたつむりを作る。 ・グループごとにハサミを取りに行く。 ・グループごとに折り紙を取りに行く。 ・先生の指示を聞いて、みんなで折る。 裏返す ①三角に半分に折る。 ②丸印を合わせるように黒線のところで折る。 ③黒線のところを矢印の方向に折り返す。 ④黒線のところで矢印の方に折る。 ⑤上と下のとがっている部分を平らになるよう裏側に折る。 ⑥黒線のところに切りこみを入れ、触角を折る。 ⑦目を付けたり、もようを描いたらできあがり ・できた子どもから、先生のところへ持って行き、名前を書いてもらう。 ・友達と見せあったり、先生に見せたりする。 ・片付けをする。	○机を5個並べる。 ピアノ　ホワイトボード　保育者　ロッカー ○かたつむり製作のための材料（折り紙※5色くらい）を用意する。 ◎かたつむりについての絵本を読み、かたつむりのことをより知れるようにする。 ◎子どもたちが楽しめるように、参加型にし、子どもたちの反応を受けとめながら読む。 ◎ホワイトボードに歌詞を貼り、歌いやすいように工夫する。 ◎楽しく歌えるように、保育者も一緒に歌う。 ◎ハサミを早くとってきた子どもには、席に座り、ハサミは危険なので、ハサミには触らないように声をかける。 ◎早くとってきた子どもには席に座って静かに待つように声をかける。 ◎かたつむりの完成作品を見せる。 ◎子どもたち全員が見えるように、ホワイトボードに折り紙を貼って折り方を教えていく。 ◎子どもたちのまわりを見てまわり、出来ているか確認する。分からなくて、困っている子どもには、必要に応じた援助する。 ◎早くできた子どもには、困っている子どもに教えるなど、協力するように声をかける。 ◎角をきれいに合わせるなど、完成したときにきれいなかたつむりになるように声をかける。 ◎きれいに折れていたり、工夫している子どもの作品はみんなに見せて、「○○ちゃんのかたつむり、カラフルでかわいいね」などと言い、作った子どもは自信を持てるようにし、その他の子どもたちはイメージの幅が広がるようにする。 ・できた子の作品に名前を書く。 ◎完成したかたつむりを認め、受け取める。 ◎まだ完成していない子の援助もしながら、出来上がった子どもたちの作品を受け取め、反応を大切にする。 ◎自分のグループの机を片付けるように声をかける。 ・ゴミ箱を真ん中に置いておく。

SECTION 5　理論（授業）と実践（実習）の往還

最近、授業で繰り返し話すことの中に「理論（授業）と実践（実習）」の往還があります。「大学（授業）で学んだことをいかに現場（実習）に生かすか」ということについては、学生自身が進んで取り組まないと、せっかく学んだことが机上のもので終わってしまいます。「かず」と「かたち」の授業で例えるなら、授業で学んだ遊びやゲームを一つでも二つでも実習の中で実践してみることです。実際に取り組んでみることで得られる成果は数多くあります。うまくいったこと、逆にうまくいかなかったことのいずれからも、次への課題が生まれ、当然その中で教材の見直しが必要になり、より良い教具の工夫が要求されることになります。授業を受けるだけでは気付かなかったことに数多く直面します。

〈理論と実践の往還〉

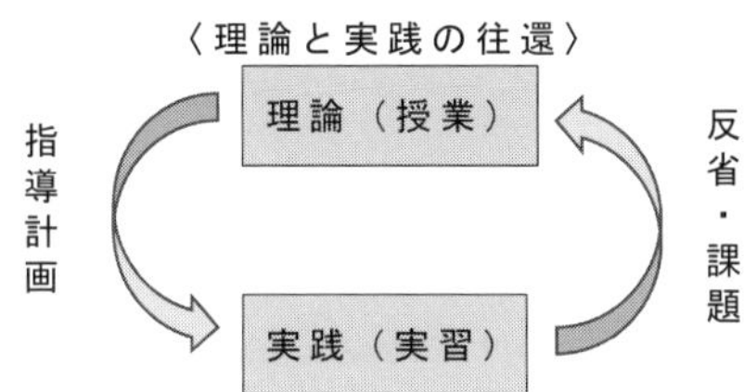

そして、これらの実践を繰り返す中で経験値が高くなり、それが指導力の向上へと繋がります。「学びを実践に」そして「実践を学びへ」をぜひ大切にしてほしいと考えています。

[引用文献]

1）文部科学省（2018），『小学校学習指導要領解説算数編』，日本文教出版.
2）小山正孝他（2017），『しょうがくさんすう１ねん』，日本文教出版.
3）坪田耕三他（2017），『しょうがくさんすう１』，教育出版.

CHAPTER

今宮 信吾

学びの基礎・基本としての言葉の力

SECTION 1 はじめに —これからの教員養成の在り方—

学習指導要領が新しくなり、各教科の評価の観点が「知識・技能」「思考・判断・表現」「主体的に学習に取り組む態度」となりました。[1)] また、学び方として「主体的・対話的で深い学び」が示されています。

特別支援教育の観点からは、インクルーシブ教育を目指した合理的配慮を進めながら授業を創っていくことも必要となってきています。

これからの教員養成の在り方として、今まで以上に個に寄り添った教育を展開することが必要とされています。このような時代の流れに沿いつつも、一人ひとりを大事にする教育ということは、これからも変わらないことでしょう。

この稿では、学びの基礎学力としての「言葉の力」に焦点を当て、一人ひとりに寄り添いながらどのような学習展開が可能なのかそのための授業づくりのヒントを示します。

SECTION 2 知識・技能としての「言葉の力」

学習指導要領改訂の特色の一つに全ての教科の内容を同じ観点で設定しているという特徴があります（特別の教科「道徳」には、知識・技能としては明記されていません）。このことは、基礎・基本としての知識・技能を確実に身に付けることが大切であるということを示しているとも言えるのではないでしょうか。

国語科においては、知識・技能が３事項14項目に分けて、示されています。そこで、それぞれにおいて、合理的配慮を要すると思われることについて述べたいと思います。本稿では、それらの具体的な方法について示すことにします。

1. 言葉の働きの理解

言語生活を進めていく上において、気付きや思考したことを伝達する働きがあることは、感じ取らせたいことです。その上で、人間関係を育むために、コミュニケーションを図らなければいけないでしょう。このコミュニケーション能力が十分に発揮できない原因としては、言葉というものを道具として自覚できないことにあると思われます。言葉を道具として自覚させるために、言葉を用いたコミュニケーションの場の設定は欠かせないことになります。

	第1学年及び第2学年	第3学年及び第4学年	第5学年及び第6学年
言葉の働き	ア　言葉には，事物の内容を表す働きや，経験したことを伝える働きがあることに気付くこと。	ア　言葉には，考えたことや思ったことを表す働きがあることに気付くこと。	ア　言葉には，相手とのつながりをつくる働きがあることに気付くこと。

2. 言葉としての捉え（話し言葉と書き言葉、漢字、語彙）

言葉の働きが分かっていても、言葉を言葉として捉えられない児童には、どのようにして言葉として捉えられるようになるかという指導が必要となります。話し言葉は音声言語が中心であり、日常の言語生活において使用する頻度が高いものです。そのために、生活場面のあらゆる機会で指導することができます。また、身近な人との対話ツールとしての言語である母語が中心となるので、コミュニケーションに対する構えも自然と作りやすくなります。

それに比べて、書き言葉については、学校教育が始まると同時に使用されることが多く、そこで、文字の獲得と運用という障壁が存在します。一次的ことば[2]である話し言葉に比べて、伝達の対象である相手も不特定多数になることが多いので、より一層コミュニケーションの場としての設定が難しくなります。

指導に当たっては、話し言葉と書き言葉の連動を考えた指導が有効ですが、原則的には別々に取り立てた指導から行う方がいいでしょう。指導のポイントとしては、発声、発音などの声づくりの指導、拗音、長音、句読点など表記の指導、漢字指導と連動させた送り仮名の指導など語彙指導、言葉遣いの指導と連動させた方が有効です。また、文字として視覚的に捉えられるように、書写の指導も大切になります。

話し言葉と書き言葉	イ　音節と文字との関係，アクセントによる語の意味の違いなどに気付くとともに，姿勢や口形，発声や発音に注意して話すこと。	イ　相手を見て話したり聞いたりするとともに，言葉の抑揚や強弱，間の取り方などに注意して話すこと。	イ　話し言葉と書き言葉との違いに気付くこと。
	ウ　長音，拗音，促音，撥音などの表記，助詞の「は」,「へ」及び「を」の使い方，句読点の打ち方，かぎ（「　」）の使い方を理解して文や文章の中で使うこと。また，平仮名及び片仮名を読み，書くとともに，片仮名で書く語の種類を知り，文や文章の中で使うこと。	ウ　漢字と仮名を用いた表記，送り仮名の付け方，改行の仕方を理解して文や文章の中で使うとともに，句読点を適切に打つこと。また，第３学年においては，日常使われている簡単な単語について，ローマ字で表記されたものを読み，ローマ字で書くこと。	ウ　文や文章の中で漢字と仮名を適切に使い分けるとともに，送り仮名や仮名遣いに注意して正しく書くこと。
漢字	エ　第１学年においては，別表の学年別漢字配当表（以下「学年別漢字配当表」という。）の第１学年に配当されている漢字を読み，漸次書き，文や文章の中で使	エ　第３学年及び第４学年の各学年においては，学年別漢字配当表の当該学年までに配当されている漢字を読むこと。また，当該学年の前の学年までに配当されて	エ　第５学年及び第６学年の各学年においては，学年別漢字配当表の当該学年までに配当されている漢字を読むこと。また，当該学年の前の学年までに配当されて

	うこと。第2学年においては，学年別漢字配当表の第2学年までに配当されている漢字を読むこと。また，第1学年に配当されている漢字を書き，文や文章の中で使うとともに，第2学年に配当されている漢字を漸次書き，文や文章の中で使うこと。	いる漢字を書き，文や文章の中で使うとともに，当該学年に配当されている漢字を漸次書き，文や文章の中で使うこと。	いる漢字を書き，文や文章の中で使うとともに，当該学年に配当されている漢字を漸次書き，文や文章の中で使うこと。
語彙	オ　身近なことを表す語句の量を増し，話や文章の中で使うとともに，言葉には意味による語句のまとまりがあることに気付き，語彙を豊かにすること。	オ　様子や行動，気持ちや性格を表す語句の量を増し，話や文章の中で使うとともに，言葉には性質や役割による語句のまとまりがあることを理解し，語彙を豊かにすること。	オ　思考に関わる語句の量を増し，話や文章の中で使うとともに，語句と語句との関係，語句の構成や変化について理解し，語彙を豊かにすること。また，語感や言葉の使い方に対する感覚を意識して，語や語句を使うこと。
書写	ウ　書写に関する次の事項を理解し使うこと。 (ア)　姿勢や筆記具の持ち方を正しくして書くこと。 (イ)　点画の書き方や文字の形に注意しながら，筆順に従って丁寧に書くこと。 (ウ)　点画相互の接し方や交わり方，長短や方向などに注意して，文字を正しく書くこと。	エ　書写に関する次の事項を理解し使うこと。 (ア)　文字の組立て方を理解し，形を整えて書くこと。 (イ)　漢字や仮名の大きさ，配列に注意して書くこと。 (ウ)　毛筆を使用して点画の書き方への理解を深め，筆圧などに注意して書くこと。	エ　書写に関する次の事項を理解し使うこと。 (ア)　用紙全体との関係に注意して，文字の大きさや配列などを決めるとともに，書く速さを意識して書くこと。 (イ)　毛筆を使用して，穂先の動きと点画のつながりを意識して書くこと。 (ウ)　目的に応じて使用する筆記具を選び，その特徴を生かして書くこと。

3. 文としての捉え（文や文章、表現の技法、音読、朗読、書写、読書）

言葉として理解できるようになっても、文として作ることができない児童もいます。そんな児童には、一文としての意識をどのように持たせるのかということが大切になります。主語と述語などの文の成り立ちや表現としての工夫など、音読を通して指導します。文字と音とをつなぎ合わせながら、繰り返し文を読ませます。一文がきちんと捉えるようになると、次に、文を読む楽しみとしての読書も指導します。

文や文章	カ　文の中における主語と述語との関係に気付くこと。	カ　主語と述語との関係，修飾と被修飾との関係，指示する語句と接続する語句の役割，段落の役割について理解すること。	カ　文の中での語句の係り方や語順，文と文との接続の関係，話や文章の構成や展開，話や文章の種類とその特徴について理解すること。
表現の技法			ク　比喩や反復などの表現の工夫に気付くこと。
音読、朗読	ク　語のまとまりや言葉の響きなどに気を付けて音読すること。	ク　文章全体の構成や内容の大体を意識しながら音読すること。	ケ　文章を音読したり朗読したりすること。

知識・技能には「情報の扱い方」「我が国の言語文化」もありますが、合理的配慮の必要性を優先順位で考えたときに、「言葉の特徴や使い方」に重点を置くことにしました。

SECTION  言葉の力を育むために

知識・技能としての言葉の力を児童のつまずきに合わせて指導するた

めに、指導の内容と系統をスコープ（教育内容）とシーケンス（系統）として示します。合理的配慮が必要な項目は他にもあるかもしれませんがこれを参考にしてもらい、先生が、目の前の児童に合わせて作成できるようになるといいでしょう。これらをもとに児童アンケートの基礎資料としても活用できるのではないでしょうか。

【指導内容の系統】

	ステージⅠ	ステージⅡ	ステージⅢ
話すこと	発音・発声ができるようになる。 モデルになる音を聞いて繰り返して話す。 単語だけで話す。 ５Ｗ１Ｈを知らせ、助詞の働きも考えさせる。 自分の思いや考えが伝えられない。 吹き出しを使うなど、内言を外言にできるようにする。	ことばとして発音・発声ができる。 単語を発音するアプリを使って話す。 思いつきで話す。 話した内容を文字で書き、話につながりがないことを知らせる。 相手の思いや考えが理解できない。 動画を観せて、立ち止まりながら、心情理解を進める。	文章として発音・発声ができる。 デジタル教科書を追って話す。 早口で話す。 録音して聞かせて、相手にどのように伝わっているのかを考えさせる。 話し合いの文脈が理解できない。 短い話し合いを行い、立ち止まりながら、話し合いの状況を確認する。
聞くこと	音として聞き取れない。 五十音の絵と音声が聞こえるアプリを活用する。 聞きもらしがある。 タブレットの録音アプリを使って文字化し、わからないところに丸を入れる。	ことばとして聞き取れない。 単語と絵と音声がセットになったアプリを活用する。 聞き間違いがある。 タブレットの録音アプリを使って文字化し、間違っている部分を書き直す。	文章として聞き取れない。 デジタル教科書の音声を繰り返させる。 集団での聞き取りができない。 タブレットの録音アプリを使って文字化し、それを聴きながら話し合いをする。

書くこと	文字や単語が書けない。 文字練習アプリを使って書く。	一文が書けない。 文字と絵アプリを使って、一文を絵で作成する。	複文がかけない。段落が意識できない。 原稿用紙に書いたものをタブレットで写真に撮って、切り取って繋げる。
	文章に句読点が抜けたり、正しく打つことができない。 書いた文章を音読させ、教師と一緒に句読点を打つ。	段落に分けて文章を書くことができない。 １マス目が段落ちしている200字原稿用紙を用いて、書いた文章を分ける。	決まったパターンの文章しか書かない。 書き方のモデルを複数示し、それを真似た文章を書く。
読むこと	声に出して読むことはできるが、意味理解ができない。 四コマ漫画を用いて、文章展開を絵で知る。	勝手読みがある。（自分で作文しながら読む） 四コマ漫画で文章展開の違うものを比較して見せ、間違いを探す。	文章の要点を正しく読みとることが難しい。 一番伝えたいことをイラストで示し、一番伝えたいことを選ぶ。
	物語の登場人物の感情が理解できない。 絵と吹き出しを使って、内言を高め、人物の気持ちの書き方を知らせる。	物語の登場人物の関係性が理解できない。 タブレットで挿絵をスライドショーにして正しい関係性のものを選ぶ。	物語の主題が理解できない。 大事な場面（クライマックス）を動画で撮影し、繰り返し何をしているか考える。
文字	整った文字が書けない。 書写アプリを使って文字をなぞりながら書く。	自分なりの書き順で書いてしまう。 書き順アプリを使って正しい書き順でなぞりながら書く。	文字の細かい部分を書き間違える。 文字合わせカードを使って、正しい文字になるように組み合わせる。
	ひらがな・カタカナが書けない。 文字アプリを使って練習する。	マス目に沿って書けない。 原稿用紙アプリを使って書かせる。	ノートの行に沿って書けない。 文字スクリーンを使って１行ごとに書かせる。

語彙	〈ひと・もの・こと〉とことばが繋がらない。 カードゲームをさせて、ことばとひと・もの・ことを繋ぐ。	〈ひと・もの・こと〉とことばが合っていない。 絵の場面を示す文章に合うことばを虫食いにして選ばせる。	ことばを文章の中で適切に使えない。 ダウト文を作成して、間違いを探させる。
音読	語句や行を抜かしたり、繰り返し読んだりする。 音読を録音し、正しい文をデジタル教科書で写して、再生しながら確認する。	使い慣れない語などを読み間違える。 読み間違えた語に印をつけ、印をつけた文を読み、もう一度正しく読む。	読み間違いはないが、ゆっくりとしか音読できない。 読んだ時間を計測し、目標の時間を決めて読む。
学び方	学習の準備ができない。 アプリに準備するものをチェックリストとして用意し、できていなければアラームが鳴るようにする。	学習道具の使い方がわからない。 使い方の説明を動画にして観る。その後、実際に使って間違いを修正する。	1時間の授業の構成がわからない。 授業のめあてと学習活動をダブレットに入れ、それを見ながら行動する。

SECTION 4 授業を単純化する

インクルーシブ教育を進めるためには、授業が複雑化していてはいけないと思います。授業に余裕を持って取り組むことが必要であり、教師が授業を俯瞰的に見て臨めるようにしたいものです。授業のチェックリストを作成し、それをどのように活用し、合理的配慮をできる時間と手立てを生み出すのかというヒントにしてもらえればと思います。

（1）学習目標
①つけたい力、目標を欲張りすぎていないか。（目標の数）
②つけたい力、目標が高くなりすぎていないか。（目標の質）
③有用感が感じられる目標になっているか。
④児童の個別の課題に合わせた目標になっているか。
⑤授業の終わりに目標を具体的に振り返ることができるものか。
（2）学習展開
① 45分の授業時間の配分に無理はないか。
②学習活動が児童にわかりやすいものになっているか。
③個に応じて対応できる時間が保障されているか。
④集団で学び合う時間が保障されているか。
⑤児童の実態に応じて柔軟に変更できるものになっているか。
（3）学習方法
①視覚化できるような手立てをとっているか。
②動作化できるような手立てをとっているか。
③児童に任せきりにならず、教師が適切に指導できているか。
④個の課題に対応できるような手立てをとっているか。
⑤他の学習にも汎用的に使えるものになっているか。
（4）学習評価
①授業の終わりに、学んだ結果をふりかえることができるか。
②ふりかえったことが、次の時間の課題となっているか。
③ふりかえりができるように具体的な方法を伝えているか。
④ふりかえりが学びに向かう力になっているか。
⑤児童相互でふりかえりを共有できているか。

1．学習目標

児童が主体的に学ぶためには、目標を理解し、見通しが持てることが必要となります。そのためには、多くを求めすぎないことです。そして、45分でできるだろうという見通しを持たせることです。それぞれの児童には、それぞれの課題があり、それを解決することと、集団として解決することの両方をうまくバランスをとりながら目標を設定したいものです。そこに、「これができると役に立つな」という有用感も感じ取らせたいと思います。

2. 学習展開

小学校では45分しかない時間をどのように配分するかは、教師の腕の見せ所です。学習目標の共有に5分、ふりかえりに5分とすると、課題解決に当たる時間は35分しかありません。児童が学校で学ぶ意味として、互いに影響し合って学ぶことが大切となるので、個と集団の活動も保障したいです。対話的な学びが重要視される意味と、インクルーシブ教育が成立するかどうかということが重要になります。

3. 学習方法

絵や写真などを提示するために、タブレットを用いて視覚化、動作化で解決することは、文字と音声に課題がある児童にとっては、有効です。学校における言語生活で最も重要なことは、自己表現すること（自分を伝え、理解してもらうこと）と合意形成をすること（相手の表現を受け入れ、理解すること）です。それらを保障するために対話的な学びとして話し合い活動を取り入れます。その際に、教師がどのタイミングでどんな介入ができるかがポイントとなります。児童の主体性を大切にするという理由で、ただ見守るだけにならないようにしてほしいです。

4. 学習評価

授業という集団での思考活動によって、どれだけ児童の学びが深まったのかを自覚させることが必要です。配慮を要する児童にとってもこのことは同じです。自分でふりかえることができないのであれば、友達と一緒にふりかえるような時間を持ってほしいと思います。

ふりかえりができるようになることは、他の教科・領域での学びにも通じることです。国語科で学んだことが汎用的に生かされるためにも、ふりかえりはどんな言葉を使って、どのように行うのかをきちんと伝えてほしいと思います。

SECTION 5 終わりに —インクルーシブ教育推進のために—

個に応じた指導を授業に取り入れることは、教育の原点でもあります。全ての児童に、その個性に応じた教育を行うということはどれだけ科学技術が発達しようとも、変わらず続くことです。

AI が登場し、教えることに変化が生じることも予想されます。その際に、考えておきたいことは、ICT などの機器を用いて、効率化が図れる部分は簡略化し、それによって生まれた時間を個別に対応できる時間に充てることではないでしょうか。

授業は生き物であると言われます。その日の児童の調子、教師の体調、前後の活動など、マニュアル通りにはいかないことばかりです。しかし、そこが授業の醍醐味でもあり､教師が授業力を発揮する場面でもあります。

授業中の立ち往生を恐れず、その際に余裕を持って対応できるように事前から準備をしておきたいと思います。そのことは授業の基礎・基本です。児童とともに授業という創作物を完成させているのだ、そういう意識を持って授業中に起こるドラマチックな瞬間を楽しんでほしいと思います。

[参考文献]

1）文部科学省（2018），『小学校学習指導要領解説 国語編』，東洋館出版社.
2）岡本夏木（1982），『子どもとことば』，岩波新書.

CHAPTER

山本 景一

算数の授業ができる

SECTION 1 算数指導の現状

教育大学で関わっている学生たちの多くは算数・数学が苦手・嫌いという感情を強く持っています。現役の小学校教員も同様で、できれば避けて通りたいと話してきます。しかし、校内における公開の研究授業では案外算数の授業をされてきているようです。学生も教育実習では、算数か国語、場合によっては算数と国語の両方を研究授業として経験してきます。新任の教員でも意外と新任研修や授業参観で算数の授業をしています。算数は答えが一つという理由で選ばれるようです。

若手の小学校教員は質問で、「算数授業の型」を知りたいと尋ねてきます。ベテランの教員には、いつも同じような授業ではなく、「型破りの授業」に挑戦してほしいと願うところです。

最近感動した授業は、ある小学校の放課後に実施した思考を鍛える授業です。参加人数は12人程度で、支援学級の子供も参加していました。そのときの指導者は学生だったのですが、詳細は後で述べることにして、学生が出した問題を子供たちが、演算決定段階で絵や図、表、数直線を使い、そして、解決していきました。感動場面は、一人の男の子を指名してみんなの前で考えを発表してもらったときです。たどたどしい発表だったのですが一人でやり抜いたのです。次の日は、昨日よりももっとうまく発表しました。我々が実践を終えて校長室へ挨拶に行くと、引き留められて校長室に入りました。校長先生から、「昨日、息子がみんなの前で発表したそうですね。おそらく発表したことは生まれて初めてだと思います。息子が帰宅後に話してくれました。それを伝えたくて校長先生に会いに来ました」という父親の話を聞かされました。支援学級在籍の子供さんとは知らなかった学生たちは大喜びでした。その学校での取り組みもあって、数直線を使って、自身の考えを表現し、発表できたのでしょう。こうした感動ある授業を日々実践していきたいものです。

これは、ある学生の第５学年算数科学習指導案（割合）です。

学習活動・教師の主な発問	予想される児童の反応	評価・支援・準備など
導入：割合の公式を言いましょう。	C：割合＝比べられる量÷もとにする量 C：比べられる量＝もとにする量×割合 C：もとにする量＝比べられる量÷割合	教室内の掲示物 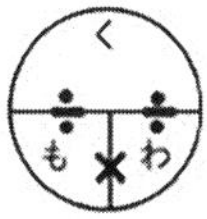
問題：昨日図書館を利用した人は400人で、今日は380人でした。昨日を100％とすると今日は何％と言えますか。		
T：どの公式を使いますか。 T：何算になりますか。 （以下略）	C：「比べられる量÷もとにする量＝割合」です。 C：380÷400です。	

この指導案から学生が、「割合」の学習では、この三つの「公式」を覚えさせ、そこに数値を当てはめて答えを導き出せばよいと考えていることが分かります。学生自らもそのようにして「割合」の問題を解決してきたのです。学校現場でも、円の中に「く」「も」「わ」と書いて公式を覚えさせたり、「『～の』って付いていたら『もとにする量』」と覚えさせたりする指導も見かけます。学生も若手教員も「割合」の問題は、言葉の式で教えればそれほど難しい問題ではないと考えているのです。しかし、先生の分かり方では子供は学べないのです。意味の分からない

公式へ誘導されて、機械的に数字を当てはめるだけの作業になってしまっているのです。「算数」とは言い難い寂しい授業風景となっています。分からない子供にとっては、公式も覚えていないし、公式に出てくる用語の意味すらも分からないのです。「割合」の問題は、「関係を捉えること」の難しさに加えて、「用語の意味を理解すること」への負担が増えるのです。問題に隠れている数量も見つけないと解けないときもあります。

SECTION 2 算数科授業における聴く活動

現在、どの学校においても「主体的・対話的で」というテーマで、校内研修が行われているようです。地域の先生方が所属する研究会でも同様のテーマで研究が行われているようです。「より主体的に」を考えると、大事なことの一つに、しっかり「聴く」ということが挙げられます。友達との話し合い活動でも、話し合うという表現よりも、「聴き合う」という表現が似合っているようにも思われます。

多様な考え方を交流する学習場面を捉えてみましょう。問題が提示されて、児童は解き始めます。しかし、5分、10分取り組んでみても解決できないとき、「分からないから教えて」や「一緒にしよう」という声掛けが考えられます。自ら考えもしないですぐに「教えて」は問題がありますが、分からないまま時間が過ぎるのも、「学習に参加していない時間」ということで指摘される場合があります。一つの解決方法が見つかって、友達と意見交流がしたくなる場面が出てきます。グループの話し合いで、班の考えをまとめるというよりも、班の推薦（図が分かりやすいから、新しいやり方をしているから等）をしていく場面です。いざグループの発表となると、発表原稿を作成したり、自信のない子への

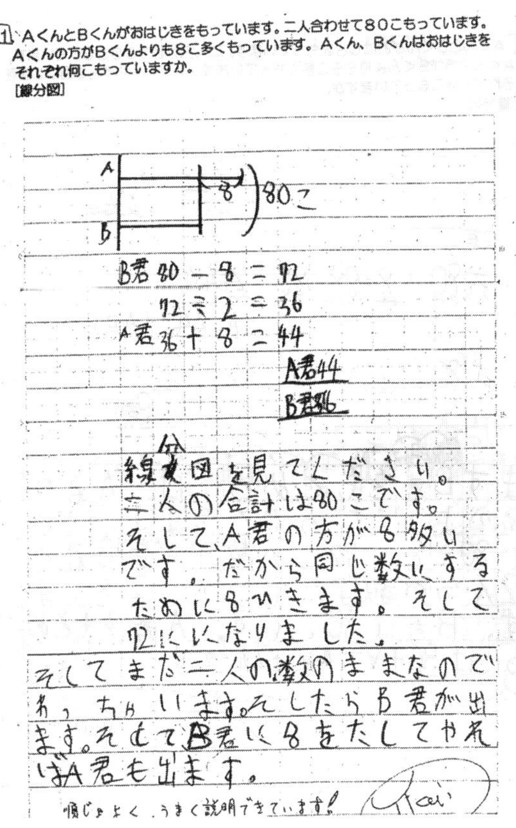

1 Aくんと B くんがおはじきをもっています。二人合わせて80こもっています。
Aくんの方がBくんよりも8こ多くもっています。Aくん、Bくんはおはじきを
それぞれ何こもっていますか。
[線分図]

A
B
8
80こ

B君80－8＝72
72÷2＝36
A君36＋8＝44
A君44
B君36

線分図を見てください。
二人の合計は80こです。
そして、A君の方が8多い
です。だから同じ数にする
ために8ひきます。そして
72になりました。
そしてまだ二人の数のままなので
わっちゃいます。そしたらB君が出
ます。そしてB君に8をたしてやれ
ばA君も出ます。

順じょよく、うまく説明できています！

児童の発表原稿の例

支援を考えたりと話し合うことがあります。「まずはじめに」「次に」と筋道立てて発表できるようにするのです。こうした発表に対して、「うんうん」や「なるほど」と相槌を打ちながら聴いてもらうと、「聴き合い」となるのです。

筋道立てた発表なので、大変聴きやすく、ノートに書かれた発表原稿は、最終段階の自分自身のまとめとして活用できます。

SECTION 3 問題解決の４段階とスモールステップ

アメリカの数学者G. ポリアは、その著書『いかにして問題をとくか』で、問題解決過程について、①問題を理解すること　②計画を立てること　③計画を実行すること　④振り返ってみることという４段階を述べています。

①の問題を理解する段階では、問題文に出てくる数字（数量）の意味理解（・１文を捉えることと、数量と数量の関係を捉えること・２文以上で捉えること）が考えられます。子供の指導に当たっては、次のような展開を心がけたいです。

> 問題：牧場に行きました。牛１頭あたりから牛乳が60L 取れるそうです。牛は96 頭飼っています。牛乳は何L 取れますか。

という問題では、

先生：問題文にはどんな数字が出てきましたか。

子供：96 と60 です。

子供：１も出てきます。

先生：それらは、どんな数字ですか。教えてください。

子供：96 は牛の数です。

子供：60 は、１頭から取れる牛乳の量です。

先生：問題はどんなことを質問していますか。

子供：「牛乳は何L 取れますか。」です。

ここまでの指導で板書した問題は、次のように変容しています。

問題：牧場に行きました。牛①頭あたりから牛乳が⑥⓪L取れるそうです。牛は⑨⑥頭飼っています。牛乳は何L取れますか。

このような丁寧な指導後、
先生：絵や図、表、線分図（数直線）を使って、考えましょう。
と、展開します。

ある学生が、分からなくて困っている子供たちに次のような指導を試みたと話してくれました。４枚のカードを用意して、問題文に出てくる数字「96」と「60」、「１」を発表させました。「？」のカードも含めて、線分図上へ子供に並べさせたというのです。

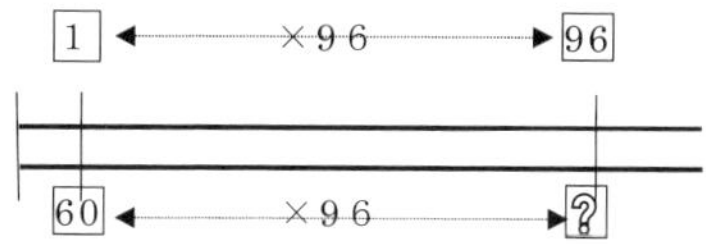

数量と数量の関係を捉えて、60×96の式をノートに書かせたというのです。他の子供たちの反応も聞いていくと、次のような多様な反応があったというのです。

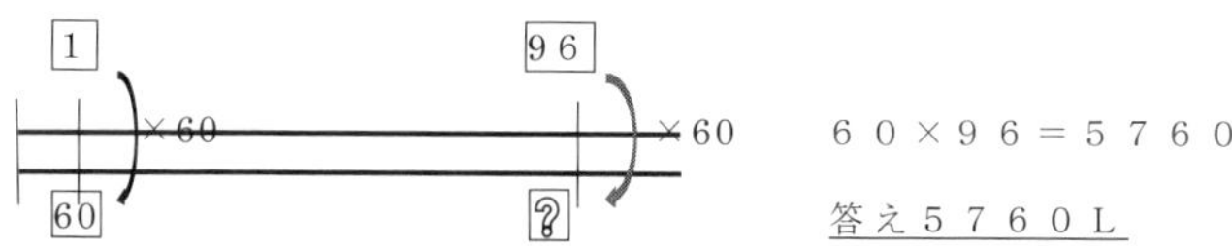

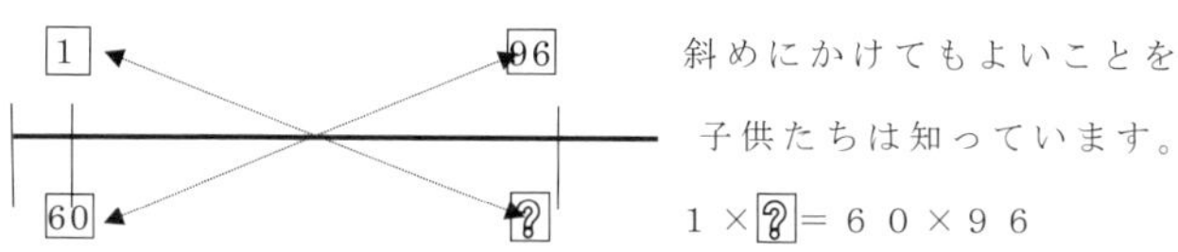

それ以外に表で解決した子供もいたというのです。

牛（頭）	1	…	50	…	**96**	97	98	99	100
牛乳（L）	60	…	3000	…	**5760**	5820	5880	5940	6000

ここで、第１節の感動した話を持ち出します。問題文は違っていますが演算決定における数直線の活用場面です。支援を必要とする子供が、□を使って斜めにかけて立式し、

□×Ａ＝Ｂ×Ｃ　　から、 Ｂ×Ｃ＝Ｄ　先に計算しておき、

□＝Ｄ÷Ａ　　と式を変形し、

答えを出していったのです。

一つの解決方法を持っているのは、子供にとって自信に繋がっていきます。大事なことは、数直線の活用を学年・学校ぐるみで取り組んでいることです。比例関係にある場合、□を使ったかけ算の構造で捉えていくことも学年で取り組んでほしい内容です。□を使ったかけ算の式変形については多少練習が必要ですが、子供たちはできるようになっていきます。かけ算の構造で捉えることについて、指導として少し乱暴ではないかと思われますが、かけ算の構造で捉えることを推薦する数学者もいます。我々は、活動させていただいた小学校のよい指導の成果を、体験させていただいたのです。

この指導事例では、G. ポリアの「①問題を理解すること」を丁寧にスモールステップで指導しています。スモールステップの指導は、算数に関して支援を必要とする子供にとって重要です。情報の視覚化と大事な言語での意味付けはとても重要なのです。

数直線（線分図）による指導は、あまり効果がないという先生もおられますが、「割合」や「単位量あたりの大きさ」という小学校算数科では頂上付近にある単元での導入だからでしょう。前述の問題解決における演算決定のための数直線（比例的数直線）は、早期からの導入と学年・学校ぐるみの取り組みが重要です。線分図や数直線をかいたり操作

したりして考える子供は意外と少ないです。線分図や数直線は、自然にかけるようになるものではありません。意図的・系統的な指導が必要です。計算の意味や計算の仕方を考えたり説明したりするときに、教科書でも用いられている線分図や数直線があります。思考の道具、説明の道具として大事な数直線が指導者にも意識されていないようです。数直線は意図的に指導しないと、子供は自然にかくようにはなりません。

SECTION 4　学級づくり

昭和 43（1968）年告示の学習指導要領下で、「子供に教えられる内容はすべて教える」ということで数学の現代化が展開され、昭和 52（1977）年告示の学習指導要領改訂まで、「詰め込みの教育」が行われました。当時、子供のノートには考えが書かれておらず、絵や図、表といったものもなく、本当に何も書かれていない状態でした。「無答から誤答、そして正答へ」というキャッチフレーズで、算数の研究に取り組んだ経験があります。

現在は、問題解決型の授業が多くの学校で実践されており、多様な考え方が交流される展開にもなっています。公開の研究授業に参加して子供たちのノートを見ても、何も書かれていないノートにはほとんど出会いません。子供たちがうまく育っているのも担任の先生のよき学級づくりがあるからでしょう。

さて、子供は、先生に褒められると喜びます。しかし、友達から「○○さん、すごい！」と褒められると、先生以上に嬉しがる場合があります。机を突然「バーン！」とたたいて、「今日は自分で問題が解けた！」と言い出す子供もおります。そのときには机のまわりに友達がいっぱい集まります。そうした光景は、みんな相槌の出し合いのように思われます。

授業の様子を観察していると、ペア学習でもグループ学習でも、うまく相槌が出されているのに気付きます。学級全体での解決方法の交流場面では相槌で、学級の雰囲気が和らぎます。話し合っているというより聴き合っているという表現が似合っています。どんな様相かメモをとりました。

①ああ、おお、うんうん、いいね、なるほど、つまり、でも　等

という納得していく簡単な言葉が登場していました。

②振り返ると、整理すると、要するに、だから、なぜなら、いつでも言えるのは　等

という理由付けや話をまとめる言葉がありました。

③条件を変えると、例えば、もしも、関連付けて考えると、比べると、これから使えそうなのは、博士なのは、おそらく、もし○○だったら、違う視点で考えると　等

という発展的な考えに繋がっていく言葉がありました。

子供が解決方法を発表しているとき、こうした言葉が飛び交うと大変聴きやすいです。

子供：はじめに、表をかきました。

友達：うんうん。

子供：次に、○○というきまりを見つけました。

友達：なるほど。

子供：そして、式と答えは……。

友達：前に学習した○○に似ているな。

さらに、この子供の発表は、論理的だと気付きます。この筋道立てた発表を確かなものにしているのが、クラスの「相槌名人たち」なのです。

「子供たちは学習の開始時には主体的に取り組むのですが、次第にそ

の姿が減っていくので困っています」という担任の悩みを聞くことがあります。自力解決や多様な考え方の交流には結構時間をかけているようですが、振り返りの時間までは保障できておらず、おろそかになっているという傾向があります。

子供たちが主体的で自立した問題解決者となるためには、どのような振り返りが重要か、担任は常に考え続ける必要があります。子供が自分の変容を知る場面を大事にします。困難をどう乗り越えたのかを明らかにしていきます。友達の相槌などが参考になってきます。振り返りの質の高さは、やがて数学者の考え方に近づいていくのではないかと考えています。

最後に、子供たちの振り返りを分析すると、

①短絡的な振り返り：面白かった・難しかった 等

②あらすじ的な振り返り：今日は図を使って勉強をしました。次に……。

③考えを交流している振り返り：○○さんが絵をかいて説明をしました。それを聞いて、私の考え方と違うと思いました。

④自信や次時への意欲がある振り返り：苦労して解決したので、答えには自信があります。このやり方で、次の時間もしたいです。

というような反応があります。子供の反応を文章で残していくのは大変です。①～④の数字で残していくだけでも大事な資料となります。①の反応が続いていたら、友達の考え方はどうだったか尋ねて、振り返りの高まりへと揺さぶりをかけたいものです。

[参考文献]

文部科学省（2018），『小学校学習指導要領』，東洋館出版社．

G. ポリア（1975），『いかにして問題をとくか』，丸善．

CHAPTER

桥井 大輔

体育授業の基礎・基本

SECTION 1 体育の授業は（　　　）をする時間

1. 体育の授業の特徴

タイトルの（　　）にはどのような言葉が入るでしょうか。

子供の立場で考えるなら、「運動」という言葉が入りますね。では、教師の立場ならどうでしょうか。「運動をさせる」「運動を教える」ならすぐに答えられそうですが、「〜をする」となると少し考えてしまいますね。

体育の授業には、他の教科にはない特徴があります。

A「お道具箱から、のりを出しなさい」 B「体育倉庫から、跳び箱を出しなさい」

AとB、どちらも子供に対する指示です。しかし、指示の後が大きく異なります。Bの方は、指示の後に準備に費やす時間が生まれ、また安全面に配慮しなければなりません。

このように、体育では準備の時間を短くするための工夫や安全面へ配慮するための工夫などをする必要があります。このような工夫のことをマネジメント方略と言います。

また、通常の教室と違い運動場や体育館という広い空間で、かつ机や椅子がないという普段と違った学習環境で授業を行わなければなりません。「どこにどのように座るのか」「どのように学習環境をつくるのか」など通常の授業では「当たり前」になっていることを、単元が変わるたびに指導しなければなりません。これらもマネジメントに含まれます。

つまり、体育の時間は教師にとってマネジメントをする時間でもあるのです。

2. 授業における四つの場面

体育の授業時間は、表1のように四つの場面に分けられます。

表1　体育の授業場面

運動学習場面	子供が運動をしている場面。
認知学習場面	子供が作戦を立てたり、学習カードを記入したりしている場面。
学習指導場面	教師が全体指導をしている場面。
マネジメント場面	上記以外の、準備や場所移動をしているなど学習に直接関係のないことをしている場面。

「運動学習場面」は体育授業のメインとなる場面です。体育の授業において「運動量の確保」の大切さが言われますが、この場面を確保することの大切さを示しています。

「認知学習場面」は、他の教科のように子供たちが話し合ったり、文章でまとめたりする時間です。「運動学習場面」を確保するために、この場面がない授業も多くあります。

「学習指導場面」は、教師が全体指導している場面です。運動しているときにも個別指導をしますが、このときの指導は「運動学習場面」と重なるため含めません。教師がクラスの子供の前で指導している場面と言えます。

「マネジメント場面」は、学習に直接関係しない場面です。子供たちは全体指導の後、活動場所に移動します。この移動している場面がマネジメント場面となります。準備や場所移動に加え、運動と運動の間に待機している場面や集合して整列している場面等もマネジメント場面になります。つまり、上記の三つの場面以外が「マネジメント場面」と言えます。

3．教師の時間と子供の時間

四つの場面を教師の時間と子供の時間で捉えると次のようになります。

教師の時間：「学習指導場面」「マネジメント場面」
子供の時間：「運動学習場面」「認知学習場面」

子供たちが評価する体育の授業は、当然ですが「子供の時間>教師の時間」となる授業です。となると「学習指導場面」や「マネジメント場面」を減らせばいいとなりますが、そう単純なものではありません。「学習指導場面」がない授業は休み時間と変わりません。ですから、「マネジメント場面」を減らすことが重要となります。

SECTION 2 マネジメント場面を減らすために

1．1時間の授業における工夫

マネジメント場面を減らすための方法は○○、というような唯一無二の方法はありません。マネジメント場面の少ない先生はいろいろな工夫をしていますから、どのような工夫をしているのかの視点で体育の授業を観察すると勉強になります。ここでは、授業の前・中・後に分けて指導例を紹介します。

授業前は「準備」の一言につきます。体育の授業で初めて体育倉庫に入るとなると、当然ですが「探す」時間が生まれ、結果として準備の時間が長くなります。道具を運搬するのは子供ですから、箱などにまとめておくと準備の時間を短くできます。

授業中は「体育の授業でも黒板を使う」ことをお勧めします。視覚化できるからです。黒板を使わないと、聴覚情報のみになります。黒板を使用することで視覚と聴覚の二つの刺激で子供にイメージさせることができます。子供にイメージができると、動きが速くなります。

授業後のことは、授業の前で決まります。禅問答のようですが、授業後にすべきことの準備は授業前にしておくとスムーズに子供が動きます。使用したゼッケンを片付ける箱や学習カードを提出する箱を事前に準備しておくことで、終わってからのすべきことが明確になります。

2. 単元で考える

どんなに1時間の授業のマネジメント場面を減らそうとしても、単元最初の第1時の授業ではマネジメント場面が多くなります。学習環境が変わるために、準備の仕方や集合・整列の仕方等が変わるからです。

そこで、図1のように単元全体を通してマネジメント場面を減らすようにします。新しい単元が始まった第1時では、しっかり子供と準備の仕方や学習のイメージを共有します。そして、第2、3時と学習が進む中でマネジメント場面が減り、運動学習場面が増えるようにしていくのです。

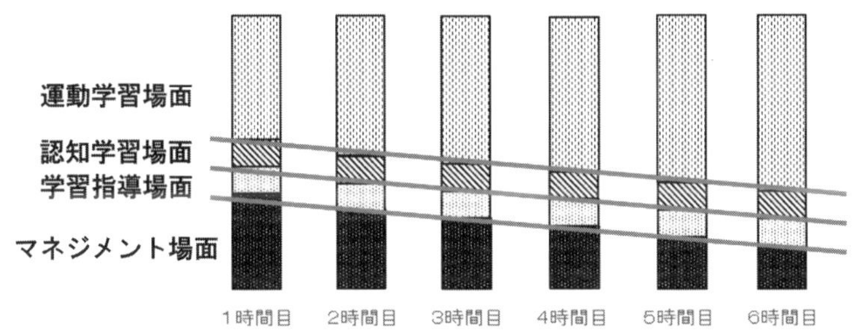

図1 理想の授業場面の推移イメージ

ですから、教師の指導の実際は、単元当初はマネジメントに関するものであり、単元が進む中で運動学習にシフトしていくと言えます。

SECTION 3 学びのある体育の授業をめざして

1. 陥りやすい授業パターン

体育の授業ではマネジメントの時間を減らすことが大切なことが分かりました。「よし、マネジメント場面を減らそう！」と授業を行うと、多くの場合、次のような授業パターンになりがちです。

授業パターン１	学習指導場面が 10 %以下の授業
授業パターン２	学習指導場面が 20 %以上の授業

授業パターン１は、教師の指導が運動のやり方を説明するくらいで、授業のほとんどが運動の時間に充てられる授業です。学習の指導場面が 10 %以下ということは、45 分の授業で考えれば５分もないということです。ほとんど何も教えていないのと同じです。ですから、運動量は確保できるかもしれませんが、「活動あって学びなし」の授業と言えます。

それに対して授業パターン２は、熱心に教師が全体指導をする授業です。20 %以上ですから、10 分以上を全体指導に充てていることになります。他教科なら普通のことですが、体育の時間となると少し多い感じがします。

しかし、授業パターン１と授業パターン２のどちらがいいかと言えば、授業パターン２です。「活動あって学びなし」の授業なら休み時間と変わりません。体育の時間を通して何らかの学びがあるようにしようとすれば、初めの頃はどうしても授業パターン２になってしまいます。

ですから、自分の授業が授業パターン２のようになっているのなら、授業力向上の次のステップに来ていると思ってください。理想の授業場面の推移イメージ（図１）を頭に入れながら単元を通して、いかに教えたいことを計画的に教えるかを考えることが大切です。

2. 体育の授業で「他者に伝える力を養う」

新学習指導要領の体育科の目標と旧学習指導要領のそれとを比較すると、次の部分がそれまでの目標に全く記載されていなかった部分です。

> 運動や健康についての自己の課題を見付け、その解決に向けて思考し判断するとともに、他者に伝える力を養う。

他者に伝えることを意識しすぎた授業になると、話し合い活動ばかりが増え、「認知学習場面」や「学習指導場面」が授業の大半を占める授業となってしまいます。また、話し合い活動が技能の向上につながるのかという議論が昔からされてきました。

そこで、体育とは「運動を言葉に変える」授業と捉えてみてはどうでしょうか。例えば、「運動が上手にできるからといって、運動を教えるのが上手とは限らない」ということはよく言われます。なぜ、このようなことが起きるのでしょうか。運動はうまくなればなるほど意識しなくてもできるようになります。「言葉」が中心となる他教科に比べ、「意識（言葉）」と「無意識」の変換が常に行われるのが体育の特徴と言えます。

体育の授業中の「言葉」に着目すると次のようになるのではないでしょうか。体育の授業には、二つの言葉が存在します。一つが、個人が運動を経験する中で獲得していく「こうすればうまくいく」や「こんなふうに動く」のような個人的な動きの感覚を表す「私の言葉」です。そして、もう一つが、コミュニティ内で共有されていたり社会で認められたりしている「コツ」や「正しいやり方」といった「私たちの言葉」です。

そして、「私の言葉」を「私たちの言葉」に変換しながら運動の行い方を理解し、理解が深まることで「私の言葉」をより洗練していき、それが技能の高まりに結びついているのではないでしょうか。

例えば、6年生ボール運動ゴール型「バスケットボール」の授業場面。子供たちが前半のゲーム終了後、話し合いを行っていました。リーダーの子供がメンバーに次のように話しています。

「リバウンドができていなかったから、後半はしっかりリバウンドをやっていこう。リバウンドしたら速攻ね。」

他の子供たちは言葉をうなずきながら聞いていますが、捉え方は子供によって大きく異なります。ある子供は、リバウンドする場所、タイミング、ボールを捕る高さまでイメージして聞いていますし、ある子供はリバウンドの行為のみを思い浮かべています。「速攻」の言葉に対しても同様のことが起きています。つまり、それぞれの子供がどのような「私の言葉」をもっているかで、「リバウンド」や「速攻」といった「私たちの言葉」の意味する範囲が異なるのです。

つまり、体育科における「他者に伝える力」とは、運動を行っていく中で「私の言葉」と「私たちの言葉」を変換しながら、「いま・ここ」で行われている運動を表現する力と言えます。

3. 体育を「運動を言葉に変える」授業と捉えてみることについて

図2のモデルを見ると「問題意識」から左に行くにつれて図が広がっています。これは子供の思考が広がっていくことを意味しています。子

供たちが主体的に活動している授業の共通点は、子供の思考が広がっていることです。しかし、ただ広がるだけでは「活動あって学びなし」の授業になりがちです。課題達成というゴールに向かって思考が収束していくことで、授業の目標達成につながります。

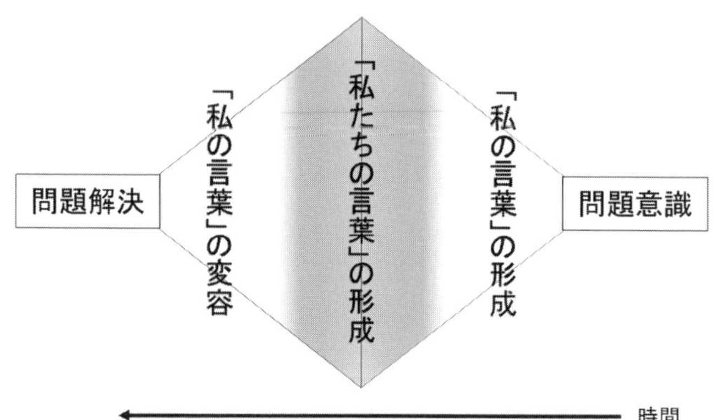

図2　言葉の形成と考えた体育科の単元モデル（栫井 2018）

このように、体育の授業でも思考に注目することができます。子供がわかるということはイメージをもつことであり、子供が思考するというのはそのイメージを動かすことです。そのイメージを他者に伝えようとすれば、「私の言葉」が必要になります。

ですから、体育の授業は単元を通して「私の言葉」を状況や課題に応じて変容させていく教科、思考しながら問題解決していく教科と言えます。

SECTION 4 体育の授業と学級経営

1. よい体育授業の条件

図3はよい体育授業を成立させるための条件がモデル化されたものです。

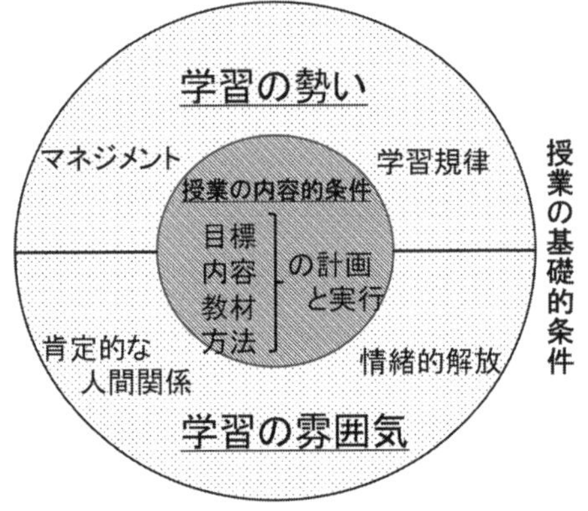

図3　よい体育授業を成立させる条件（高橋 1992）

授業の基礎的条件は「学習の勢い」と「学習の雰囲気」からなります。「学習の勢い」は、学習時間の確保のためになされるマネジメントや子供たちの学ぶ姿勢に関わる学習規律が適切にされていることを意味します。「学習の雰囲気」とは、子供たちが仲良く協力しながら楽しく運動を行うことを意味しています。

一方、授業の内容的条件とは、授業の成果に関わる授業の目標、内容と、それを実行するための具体的な教材や指導法を意味します。

通常、体育の授業を行おうとすると、「どんな運動をさせよう」「どのように指導しよう」と授業の内容的条件を意識します。しかし、授業がうまくいかない原因のほとんどは授業の基礎的条件ができていないためです。ベテラン教師で、体育の専門ではないのに授業がとてもうまい方がいます。それは、授業の基礎的条件が成立しているからです。このように、授業の基礎的条件がよい体育授業を成立させるためのカギになります。だからこそ、本書ではマネジメントについて詳しく述べてきました。

また、「学習の勢い」「学習の雰囲気」は「学級の勢い」「学級の雰囲気」と言えます。「体育の授業がうまい先生は学級経営がうまい」「学級経営がうまい先生は体育の授業がうまい」と昔から言われてきましたが、それは授業の基礎的条件が成立しているからと言えます。

2. 体育の時間は学級力のテスト

あるクラスが学級崩壊であることを、同僚が気付くのは体育の時間であることが多いです。教室という閉鎖された空間と違い、運動場という誰もが目にする空間で授業を行うためです。

また、体を思い切り動かすことができる体育は子供に人気があります。「先生、今日の体育は何をするのですか？」と、子供にとって楽しみの授業の一つでもあります。そのような授業で、もめ事が多く、教師の説教が続く授業となるとどうなるでしょう。子供の期待が高い分、不満が大きくなります。

このように、体育の授業は体育科の目標達成のみならず、学級の状況が試される時間でもあります。体育の時間は学級力のテストなのです。開放された空間で、勝敗を競い合う活動も行います。自然と子供の素の姿が現れます。だからこそ、図３のよい体育授業を成立させるための基礎的条件が大事になります。「肯定的な人間関係」や「情緒的解放」は日々の学級生活の中で育まれていくものです。

高田典衛氏は、よい体育の授業には「動く楽しさ」「伸びる楽しさ」「集う楽しさ」「解る楽しさ」の四つの楽しさがあるとしています。この四つの楽しさの中の「集う楽しさ」とは、みんなで楽しく運動すること以上の意味を持ちます。「集う楽しさ」を「つながる楽しさ」と思うと、体育の時間だけでなく、普段からの学級づくりの大切さが分かると思います。

[参考文献]

垣内幸太・栫井大輔（2017），『学級力が一気に高まる！絶対成功の体育授業マネジメント』，明治図書.

栫井大輔（2018），「運動イメージの言語化で主体的・対話的で深い学びに導く：「私の言葉」と「私たちの言葉」に着目した単元計画」，梶田叡一監修・今宮信吾編『人間教育をすすめるために：主体的・対話的で深い学びを創造する』，ERP.

高橋健夫・岡出美則・友添秀則・岩田靖編（2010），『体育科教育学入門』，大修館書店.

高橋健夫編（2003），『体育授業を観察評価する：授業改善のためのオーセンティック・アセスメント』，明和出版.

高橋健夫（1992），「体育授業研究の方法に関する論議」，スポーツ教育学研究，特別号，pp.19-31.

高田典衛（1985），『楽しい体育の授業入門』，明治図書.

文部科学省（2018），『小学校学習指導要領（平成29年告示）解説体育編』，東洋館出版社.

CHAPTER 7

山口 聖代

わくわくする音楽の授業

—音楽づくり—

SECTION 1 はじめに：音楽づくりって何？

音楽の授業は、「歌唱」「器楽」「鑑賞」「音楽づくり」の四つのカテゴリーからなります。教員によって多少の得意・不得意はあるにせよ、どの内容も十分に音楽の授業で扱われるのが理想的です。しかし、ある学校の調査では、音楽の年間授業数を100％としたとき、授業に割かれた時間数は、「歌唱」が40％、「器楽」が30％、「鑑賞」が20％、「音楽づくり」が10％でした[1)]。私自身も、小学生のときに音楽の授業で「音楽づくり」の活動をした記憶はほぼありません。これは残念ながら珍しくない状況です。音楽の授業の四つのカテゴリーの中で、最も「それって何？」「どうすればいいの？」と避けられるのが「音楽づくり」ではないでしょうか。

その要因の一つ目は、教員自身が音楽づくりの経験がないことです。経験を積んでいなければどのようなやり方が考えられるのか、その授業プランの種を持つことも困難に思えるでしょう。特に音楽に馴染みの少ない人であればなおさら、不安になって当然です。二つ目は、授業の展開がイメージしづらいことです。既存の楽曲を扱う「歌唱」「器楽」「鑑賞」の活動に比べて、創造性のある「音楽づくり」の活動は完成形がイメージしづらく、不安になる人も多いのではないでしょうか。したがって、「音楽づくり」の授業に気持ちが向かない、自信が持てないという人も多いのではないかと思います。

しかし、私はもっと柔軟に考えてよいと思うのです。既存の楽曲を演奏したり、聴いたりする授業とは異なり、音楽を創造するということは、ある意味、最も自由なのです。決して専門的な理論に基づく作曲を求めているのではありません。「もっと自由に、音で遊んで、音でコミュニケーションしてみよう！」という気持ちが、「音楽づくり」の授業を形にする第一歩ではないかと考えています。

この章では、「音楽づくり」の授業をより身近なものにしていただくために、以下のような四つのステップに分けて授業のエッセンスをご紹介します。

【Step 1】たくさんの音に触れる
【Step 2】音でたくさん遊ぶ
【Step 3】ルールを作って音楽づくり
【Step 4】もっと自由に音楽づくり

これらの項目は、「音楽づくり」の授業内容であると同時に、「歌唱」「器楽」「鑑賞」の授業にも結びつくものです。音楽を自分たちの手で組み立てるということは、音楽の仕組みそのものを知ることに繋がります。そのため、「音楽づくり」は子供の音楽に対する思考力・判断力・表現力を総合的に育てていく大切な授業とも言えます。子供たちの音楽の感性を育むために、まずは私たち大人が柔軟な頭になって、子供たちの音楽の扉を開いてあげましょう。

SECTION 2 【Step 1】たくさんの音に触れる

音で自由に遊ぶためには、まず音そのものに興味関心があることがとても大切です。様々な音との出会いは想像力・創造力を育てることに繋がるため、できるだけたくさん音に触れる機会を持つことが必要です。

新学習指導要領[2)]にも「身の回りの様々な音楽」という言葉が登場しますが、私たちの身の回りにはどれだけたくさんの音があるのでしょうか。音楽の授業で思い浮かべる楽器と言えば、鍵盤ハーモニカやリコーダー、音楽室にあるカスタネット・タンブリン・木琴・鉄琴・トライアングル、あるいはフルート・バイオリン・チェロ・トランペットなどオーケストラの楽器、あるいは三味線・箏・シタール・バグパイプなどの日本や世界の民俗楽器かもしれません。でも、それだけではないのです。風で木の葉が揺れる音、小鳥のさえずり、小川のせせらぎ、車のクラクション、バイクのエンジン音、換気扇の回る音、靴のコツコツ鳴る音、鉛筆で書く音、開け閉めする扉の音、笑い声、くしゃみ、呼吸する音……。この世にある全ての音が、「身の回りの様々な音楽」なのです。

教室から飛び出して、
身の回りの素敵な音を探しに出かけよう！

まずは身の回りにある音探しから始めてみましょう。手始めに、教室の中にある物から、やさしく音を鳴らしてみましょう。机の脚の部分はどんな音？ 紙やビニールはどんな音が出せる？ ランドセル、ロッカー、窓、ふでばこ、一番お気に入りの音はどれ？ そして、それぞれどんな音色がするのか、鳴らし方によって音が変わるかどうか、よく研究してみましょう。

次は、教室から飛び出して外にある音を探してみましょう。お気に入りの音がするスポットはあるでしょうか。木の枝や石はどんな音？ 土や葉っぱはどんな音？ フェンスの網はどんな音？ 広い校庭の真ん中で、近くの音や遠くから聴こえてくる音に耳を澄ませてみましょう。聴こえた音を全て書き出してみるのもよいでしょう。そして聴こえた音をどんどん周りの人と共有しましょう。

それらの音は、どんな音がしたでしょうか？乾いた音、湿った音、軽い音、重い音、高い音、低い音、よく響く音、響かない音、遠くで聴こえる音、近くで鳴っている音、美しい音、騒々しい音、人工的な音、自然な音、やすらぐ音、面白い音、ちょっと嫌な音、楽しい音……。

音探しは学校だけでなく、家の中でもできます。台所は楽器の宝庫です。「身の回りの素敵な音を探して持ってこよう！」という課題も面白いかもしれませんね。もちろん音楽室にある楽器も魅力的な音であふれています。楽器や様々な音との出会いは子供たちのワクワクを育てます。

また、忘れてはならないのは、自分の体も立派な楽器だということです。ボディ・パーカッションと呼ばれるように、手、太もも、ひざ打ち、足踏み、フィンガースナップ、声など、私たちの体は最も身近な楽器です。実際に体のあちこちを鳴らしてみると、様々な音がしてそれだけで楽しいアンサンブルが生まれることが感じられるでしょう。

これらの音探しの活動は、子供たちを自発的な音への関わりに導きます。また、音について語り合うことは、音色、音高、強弱、音の長短など、「音楽を形作っている要素」に自然に触れることになるのです。たくさんの音に触れ、語り合うことは「音楽づくり」の第一歩です。

SECTION 3 【Step 2】音でたくさん遊ぶ

たくさんの音に触れたら、次は音を使ってたくさん遊んでみましょう。ひとくちに遊ぶといっても、鳴らしたい放題では音が混ざってしまいます。ここで述べる「音で遊ぶ」という行為は、一人で遊ぶのではなく、誰かと、あるいは全員で遊ぶという協働的な場面を想定しています。そうすると必然的に、誰かの音を聴く場面や、音を合わせることが必要になり、何かしらのルールが生まれてきます。それらを活用して、音でコミュニケーションをするのです。それが、「音で遊ぶ」ことの真意です。

1. 合図に合わせて楽器を鳴らそう！

例えば、全員が何か楽器（音の鳴るもの）を手に持っているとします。そこで、合図を出す人（言わば指揮者）を一人立てます。その人の合図に合わせて一斉に音を出してみましょう。そして、その人の合図に合わせて一斉に音を止めてみましょう。どんな響きが生まれるでしょうか？

次に、何か自分たちだけの合図を決めましょう。例えば、グーを出したら「ドン・ドン・ドン」と３つ鳴らす、パーを出したら合図があるまで鳴らし続ける、人差し指で指したら指された人だけ音を鳴らす、といった具合に。合図を出す人をリーダーとして、音によるコミュニケーションを行います。楽譜のない、自分たちだけの音楽の始まりです。

2. まねっこリズム・リズムリレーで遊ぼう！

リズムのまねっこは低学年から遊べる簡単な音楽活動の一つです。

♩ ♩ ♩ 𝄽　♫ ♫ ♩ 𝄽

例えば、上記のようなリズムを先生が打ち、子供たちが真似をしてリズムで応えます。要は、リズムを真似することで音のキャッチボールをします。慣れてきたら少しずつリズムを変えてみます。また、リズムだけでなく声によるまねっこも可能です。また、強弱を変えたりリズムを変えたりしながら、「即興的」に音によるコミュニケーションを行います。

次に、よく見られるのは、上記のようなリズムに合わせて３文字・５文字の言葉を考え、繋いでいくリズムリレーです。

た　ま　ご　　　　　オムライス

このようにリズムに合う３文字または５文字の言葉を見つけて、リズムリレーをします。ゲーム感覚で自然とリズム感が身に付いていきます。

これを発展させて、子供たち同士でリズムリレーをしてみましょう。今度は先生と児童ではなく、子供が主体となって、輪になって、順番にリズムのまねっこリレーをします。Ａさんがリズムを鳴らす→みんなでまねをする→Ｂさんがリズムを鳴らす→みんなでまねをする……といった具合に。即興的に音を生み出す力がゲーム感覚で身に付いていきます。一人ひとりが自分自身でリズムを考案するため、十分「音楽づくり」の活動と言えます。ボディ・パーカッションで行うのも面白いですね。

このように、多くの楽器を使わなくても、音で遊び、創造的な音のコミュニケーションを行うことができます。工夫次第でより発展的な構成も考えられます。いろいろな楽器を使ったまねっこリレーを行えば、さらに面白い自分たちだけの音楽が生まれるでしょう。

SECTION 4 【Step 3】ルールを作って音楽づくり

音楽づくりの活動で最も不安になるのは、完成形が想像しづらいことですが、ある程度のルールや枠組みを作っておけば、想定の範囲内で自由に子供たちの創造力を発揮させることができます。ここではその例として、リズムを使った音楽づくり、言葉を使った音楽づくり、旋律を使った音楽づくりを取り上げます。

1. 歌に合わせてリズムアンサンブルを作ろう！

少人数のグループを作り、歌に合わせてリズムアンサンブルによる伴奏を作ります。例えば、ここでのルールは、①歌に合わせること、②ボディ・パーカッションで演奏すること、③２つ以上の異なるリズムを重ねること、以上の３つとします。歌は、短くて歌いやすい童謡やわらべうた（例えば「どんぐりころころ」など）がよいでしょう。歌を枠組みとする時点で音楽の半分はできているようなものですから、安心して子供たちの創作に任せることができます。また、ボディ・パーカッションのよい点は、楽器などが揃っていない教室でも実践でき、視覚的にも動きが分かりやすいことです。子供たちは歌に合わせて自由に体を動かし、自分たちだけのリズムを考えることができます。次第に動きを考えたり、いろいろなリズムに挑戦したりします。単調なリズムのグループがいたら、グループの中で複数のパートに分かれるなど、異なるリズムが重なる面白さに気付けるように促しましょう。また、足踏み・手拍子・ひざ打ちなど、異なる音色を重ねるのも音楽が面白くなるポイントです。最後には、グループごとに作ったリズムアンサンブルを発表しましょう。お互いの演奏に新しい発見があるはずです。

2. 言葉のリズムを使ってボイス・アンサンブルを作ろう！

これもまた、リズムのアンサンブルですが、今度は声を楽器にします。

譜例「たまごの合唱」[3)]（抜粋）のようなボイス・アンサンブルの楽譜をお手本として、自分たちだけの「○○の合唱」を作ってみましょう。ポイントは、お手本を何度も歌ってそのリズムに慣れることです。そして、同じリズムに合う言葉を見つけて、グループごとに自由に歌詞

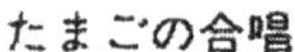

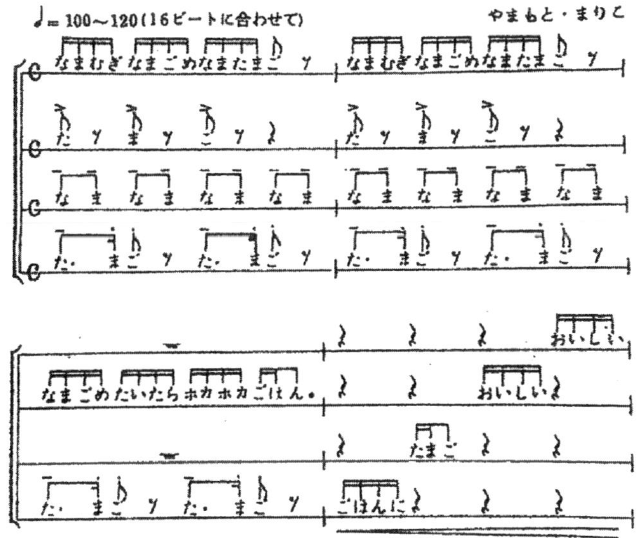

を創作して演奏してみましょう。リズムの重なりや言葉がもつリズムの面白さを感じられるはずです。少し言葉遊びのような要素がありますが、言葉を変えることでオリジナルの音楽が生まれるため、これも立派な「音楽づくり」です。

3．鍵盤ハーモニカを使って棒人形を動かそう！

ここでは、旋律づくりを取り上げます。旋律づくりは、本格的な作曲を求めれば音楽的な知識が必要になってきますが、次の内容は旋律を「動き」として捉えることができれば、何も難しく考えることはありません。

例えば、次の譜例「はしごのぼり」[4] はピアノの初歩的な教材として扱われる教則本の一部です。音を正確に読み、正確に演奏しなければな

4　はしごのぼり

らない、というのではなく、音を一つの「動き」として読み取ってみてください。

譜例に描かれた棒人形がある「動き」を示していますが、楽譜はその「動き」を音で表しています。音が上り下りしているのがわかるでしょうか？

これを一つの例として子供たちに示します。楽譜は示さず、音だけで示すのでも構いません。この通りに弾かなければならないというわけではなく、譜面はあくまでもその一例です。

子供たちに棒人形の「動き」を考えさせ、そのイメージを音で表現させます。鍵盤ハーモニカの上で、歩いたり、走ったり、跳んだり、スキップしたり、側転したり、階段を上り下りしたり、あるいはゾウになったり、ウサギになったり、ジェットコースターに乗ったりしてみましょう。無茶苦茶に弾くのではなく、きちんと思いや意図を持って音の動きを表現することができれば、これは「旋律」を使った「音楽づくり」です。その後の「鑑賞」の授業などの気付きにも大いに役立つでしょう。

SECTION 5 【Step 4】もっと自由に音楽づくり

「音楽づくり」の素晴らしいところは、自分たちで全て選べるということです。今までのステップを踏まえて、音楽には様々な仕組みや工夫があることを学んだ上で、今度はそれらを発展させた「音楽づくり」に挑戦しましょう。ルールは一つ。テーマを決め、そのテーマに沿った音の表現を考え、一つの作品にすること。これもグループ活動で行い、合奏を想定して、協働的な発想の中で自分たちだけの音楽を作ってみましょう。

自分たちだけのオリジナルミュージックを作ろう！

まずはグループごとにテーマを考えます。テーマもいくつかの種類を想定することができるので、予め枠組みを決めておくのも一つです。

例①身の回りや生活の中にあるものが楽器になるテーマ

・キッチン用具　・ペットボトル　・靴　・木片

例②物語やキャラクターを考えることで音楽の変化が生まれるテーマ

・ある日の朝　・かけっこ　・動物

例③自然や感情をモチーフにしたテーマ

・春夏秋冬　・雨　・喜怒哀楽

テーマを考える際に、どのような楽器が想定できるか、どのような手法で表現するかについて、ワークシートなどを活用して意見やアイデアを出し合うことが大切です。ある程度イメージや構成がまとまったら、それを実際に音に出しながら、楽器を選考したり、リズムを考えたり、重ねてみたり、作戦を変更したりしましょう。どのような順番で演奏し、どのように最後は終わるのか、細かく決めていきましょう。枠組みとして、作品の目安時間を決めておくのもよいでしょう。また、授業が複数回に分かれる場合は、きちんとした楽譜でなくても計画図や図形楽譜（注：伝統的な五線譜とは異なる、図形によって表記された楽譜）に残しておくのもよいでしょう。録画しておいて振り返ることもできますね。

テーマによって次のようなポイントが考えられます。**例①**では、音色や奏法を工夫することが鍵になります。ペットボトル一つをとっても、水を入れて振ったり、外側をこすって音を鳴らしたり、潰したり、息を吹き入れたりと、音の鳴らし方がたくさん考えられます。工夫を凝らしてリズムアンサンブルとして発展させると楽しい音楽が生まれることでしょう。**例②**では、イメージをより具体的にすることで楽器・速度・音の高さ・強弱・リズム・旋律などを工夫し、音との関わりの中でイメージを表現しようとする姿が見られるでしょう。**例③**は抽象的なようにも思えますが、数多の芸術家たちが自然や感情をテーマに表現をしているように、私たちが生きている上で切り離すことができないテーマです。想像力を最大限に発揮して、音をイメージしてみましょう。雨はどんなふうに降りますか？ しとしと降る雨なのか、雷雨なのか…。また、怒りはどのような音で表すことができるでしょうか？ 悲しみを表すにはどんな音がふさわしいでしょうか？ 深めれば深めるほど、その表現や工夫は無限大です。心の中にある音を探してみましょう。

SECTION 6 終わりに：一人ひとりがクリエイターになる

楽譜にあるものが音楽の全てではありません。「音楽づくり」は、楽譜に書かれていない心の中にある音を探し、想像力や創造力を働かせて表現する活動です。思いや意図をもって音のイメージを表すことができれば、どんな子供も一人ひとりがクリエイターになることができます。

急速に変化していく時代を生きていく上で、柔軟な発想や創造力が必要になっていくことは言うまでもありません。音楽の授業の中でも、最も発展性のある「音楽づくり」の授業を通して、子供たちが自由に創造する喜びを味わい、それらが生きる喜びに繋がっていくことを願っています。

[参考文献]

1）高倉弘光（2015），『高倉弘光の音楽授業　必ず身に付けたいテッパン指導スキル 55』，p84，明治図書出版.
2）文部科学省（2017），『小学校新学習指導要領』，東洋館出版社.
3）やまもとまりこ，「たまごの合唱」.
4）エドナ・メイ・バーナム（1975），『バーナムピアノテクニック１』，全音楽譜出版社.

CHAPTER 8

DECKER Warren

体で英語を体験しよう！

SECTION 1 Language as a physical and mental experience 頭と体の言語体験

言語は「体で体験できる」と「頭で体験できる」の二つに大きく分けることができます。簡単に言えば、話すときと聞くときにほとんど「体」で、書くときと読むときにほとんど「頭」で言語を体験します。言語、特に外国語教育における、この「頭」と「体」の体験は非常に大事なのです。いくら頭で理解していても、耳で相手の話が分からないと実際にコミュニケーションができません。それから口の動き方も分からないと返事ができません。従って、「頭」の外国語教育はもちろん大切ですが、「体」の外国語教育も欠かせないことなのです。

これから「頭」と「体」での言語体験について説明し、さらに、「体」の言語体験を学生にどうさせられるかを述べていきます。

SECTION 2 My introduction as a language student 学生としての自己紹介

1. スペイン語

私の小学校ではスペイン語の授業がありました。先生は最初から「体」でスペイン語の体験を私たち小学生にさせていたのです。何も書かない、何も読まないで、絵等を使って授業をしていました。いつも同じ流れで、下記のような質問をスペイン語で皆にしていました。

「今日は何日ですか？」
「今日は何曜日ですか？」
「今は何時ですか？」
「今日のお天気は？」等

そのときに全部の質問に対して生徒は声で（つまり体で）答えていました。書ける、読める前に耳で理解し、適当な返事を作るための口や舌の筋肉の動かし方を学んだのです。

今思い出すと本当に素晴らしい先生だったと思います。そこまで初心者の私に「体」でスペイン語を体験させてくれたのです。先生の指導力は非常に優れていて、とても尊敬と感謝をしています。

2．日本語

日本語の勉強を始めたときに、この「頭・体」の言語体験を実際の区別でもう一度確認しました。初めて日本語を学ぼうとしたときにはずっと静かなところで教科書を見ながらひたすら書きました。漢字を学びたかったのでパソコンではなく鉛筆を握って書きました。このような「頭」の中での体験は誰にでもあると思います。確かに体で鉛筆を感じますが、耳には言語の音は聞こえません。それから口が閉じています。

このように頭の中の勉強の仕方を二年間続けて、日本語能力の検定試験１級に合格しました。しかし、そのときはまだ普通の会話ができていませんでした。難しい文法の問題を理解できていても、ラーメンを注文することがまだできていませんでした。つまり「頭」の中で理解度は高まっていましたが、「体」での日本語体験はまだ足りていなかったのです。

日本人の学生もほぼ同じでしょう。頭で理解できていても体ではまだ理解できていないのです。これについてはこの後で述べます。

3. 中国語

まだ初心者の域ですが、第三言語は中国語です。中国語の勉強を始めたときに、日本語の勉強を思い出して、最初から体で勉強しようと決めました。目的は文章を書くことや読むことではなく、中国語で日常会話ができるようになりたかったからです。勉強のときに書き写していても、必ずその音声のある内容を選んで、繰り返し聞きながら書いていました。他人に迷惑をかけない場所に居るときは、実際に声を出して練習しました。今回、効率よく「頭」と「体」のバランスがとれた勉強ができ、思っていた以上に早く日常会話ができるようになりました。中国人の友達に、発音も褒められました。「体」で学んだ結果でしょう。

SECTION 3 My introduction as a teacher 教員としての自己紹介

さて、教員の立場からこの「体」と「頭」の言語体験について考えてみましょう。まず自分の経験を具体例として述べます。

1. アメリカでの英語の授業

教員としてのスタートは、アメリカの高校での英語を担当しました。日本の国語に似た授業でした。一人以外の学生は英語を第一言語としていたので、幼いころから「体」で英語を体験していました。読む前に耳で英単語を理解しており、もちろん返事もできました。学生は十分「体」で英語体験をしていたので、この英語授業では、もっと「頭」での体験をさせようとしました。難しい文章をきちんと読んで、頭の中で理解し、自分の言葉で表現を考え、論理的に（もしくは芸術的に）文章の表し方を教えたかったです。「頭」と「体」の英語体験を調整するためにもっと「頭」を使うことが必要だったのです。

2. 日本での英語授業

日本人の学生は、アメリカとは逆に「頭」での英語体験がたくさんあるのに「体」での英語体験が少なかったのです。日本に来たときにすぐに分かりました。

2000年に仙台市の公立中学校でALT（Assistant Language Teacher）として勤めました。直前にアメリカの高校でシェイクスピアを学生に読ませていたので、はっきり言うと、その仙台の中学校に着任して英語のレベルの低さに驚きました。「What's your name?」と聞くだけで、ある学生はパニック状態になりました。答えられる学生ももちろんいましたが、多くの場合には、返事までの時間から見ると、「頭」の中で「What's your name?」の意味と適当な返事を「頭」の中で考えました。つまり「体」（口）を動かして返事はできますが、はじめから「頭」を働かせていました。

アメリカの学生に「What's your name?」と聞いてみると、彼らは頭を深く働かすことなく、耳で理解して自動的に口を動かして答えるのです。日本の学生も同様に、頭をあまり使わずに答えられるようになることは一つの目標にもなります。

教員としてさらにびっくりしたことがあります。先の「What's your name?」と聞かれ、パニック状態になっていた学生は、「自己紹介を英語で書く」という課題で次のような文章を書きました。

My name is Momotaro. I enjoy playing basketball. My grandmother lives in Hokkaido. I have been to Hokkaido three times. My favorite food is sushi. Mr. Warren, could you please tell me about America and American culture?

このきちんとした文章を、アメリカの学生より遥かに綺麗な文字で書いているのでとても驚きました。これは、「頭」で豊富な英語体験ができているという証拠です。では、そこで、どうやって、「体」での英語体験をさせようかと悩みました。この悩みを教員として、研究者として、それから外国語の学生として、ずっと考えています。

SECTION 4 Letting students have physical English experiences 学生に「体」での英語体験をさせる

自然に話せるためにほとんどの日本の学生は「体」での英語体験が必要です。既に頭で英語理解ができることは土台として非常に大事です。では次に、実践的なコミュニケーションをするためにどうやって土台の上に「話す」と「聞く」の練習を効果的に積み上げていけばよいのでしょうか。

（1）挨拶の繰り返し（2）ヒップホップ音楽（3）シャドーイングという三つの方法を紹介します。

1. 挨拶の繰り返し

挨拶の繰り返しは単純すぎて、紹介する必要はないと思われますが、これまでに一番効果があった技術なので説明します。ほとんどの日本人学生は「How are you?」と聞かれたら「I'm fine thank you.」という答えができます。

この「I'm fine thank you.」はある程度自然に、自動的に出てくる返事です。耳で「How are you?」を理解して、「頭」の中に深く潜らなくても口を動かして適当な返事ができます。英語の授業で最初に出会った会話で何回も繰り返して練習していたので自動的にできるのでしょう。バスケットボールでフリースローがよくなるために、実際に体を動かして練習を重ねていくのと同じです。同様に、「How are you?」に対しすぐに返事をするためにも繰り返し「体」（特に口）を動かして練習を重ねなければなりません。

この単純なやり方で練習すれば、長い文章がスラスラ言えるようになります。大学での英語授業では必ず全員に、一人ずつ、最初に（雨の日でも）「It's a beautiful day!」（今日は良い天気だね！）を言わせています。練習を重ねていくと全員が言えるようになります。次に「It's a spectacularly beautiful day!」（今日は素晴らしくよい天気だね！）と言うようにします。「spectacularly」の発音は難しいですが、練習の回数を重ねていくと全員が言えるようになります。

卒業後、学生に出会うと、私の顔を見たとたんに「It's a spectacularly beautiful day!」と挨拶する学生が多いです。発音の難しい「spectacularly」を省略しても、この言葉を聞くと教員としての最高の幸せを感じます。単純だからこそこの「繰り返し」を大事にしたいと思うのです。

外国語活動では、「楽しくなければだめ」とか「新しいゲームを考えなくては」というプレッシャーを感じる教員が多いでしょう。楽しいゲームではないですが、自動的に言えるようになるまでの繰り返しの練習が大事でしょう。

特に強調したいことは「It's a spectacularly beautiful day!」を言えることは素晴らしいことですが、それよりも大切なことは、「自分で英語を自然に言えた！」という「体」で感じた達成感です。このように「It's a spectacularly beautiful day!」を言えるのなら、「練習をすればなんでも言えるようになる！」という実感を学生にさせたいです。

2. ヒップホップ音楽

体での英語体験をするためにヒップホップ音楽はちょうどよい教材です（曲を選ぶときの配慮と中身の確認が必要ですが）。アメリカ人にとってもヒップホップ歌詞をスラスラ言うことは非常に難しいです。速くて、変化や省略があり、全ての言葉が完全に繋がっているのです。しかしこの省略する事と言葉の繋がることは、ヒップホップだけではなく日常会話にも表れます。

会話と違って、ヒップホップの特徴は韻を踏んで、リズムよく進んでいくことです。具体例として、英語の授業で最近よく利用しているのは1990年代のYoung MCの傑作「Principal's Office」です。皆様、最初の２行を声に出して読んでください。

Now as I get to school I hear the late bell ringing.

Running through the hall I hear the glee club singing.

推測ですが、最初に読んだときは、一つ一つの単語をきちんと読んで、イントネーションがあまり変わらなかったのではないでしょうか。

Now...as...I...get...to...school

これは間違いではないですが、不自然です。可能であればYouTube等で調べてみてください。驚きの速さで聞こえてきます。それからリズムも韻を踏んでいることに気付くでしょう。韻を踏んでいるところは分かりやすいと思います。

Now as I get to school I hear the late bell **ringing**.

Running through the hall I hear the glee club **singing**.

「ringing」と「singing」は最初の「r」と「s」以外、音は全く一緒です。耳にその「ringing」が入ることで（無意識的でも）決まったタイミングでその韻を踏んだ「singing」を期待しているのです。このことは、「頭」の中ではなく「体」（耳）で期待するでしょう。

さて、各行に四つの「beat」があります。「beat」と言えば、強く言う音節です。それでは、その四つの「beat」はどこにありますか？ 考えてみてください。

Now **as** I get to **school** I hear the **late** bell **ring**ing.

Running through the **hall** I hear the **glee** club **singing**.

この太字で示した音節が各行の四つの「beat」になります。ちなみに、「beat」を探したときに声を出して考えましたか？ それとも頭の中だけで考えましたか？ 頭の中だけだったら難しすぎでしょう。ヒップホップのリズムは「体」で理解することなのです。では、もう一度読んでみてください。今度は太字の音節を強めに言いましょう。リズムがわかっていただけると思います。

Now **as** I get to **school** I hear the **late** bell **ring**ing.

Running through the **hall** I hear the **glee** club **singing**.

授業でヒップホップを教材として利用するとき、まず聞く練習をします。最初聞いたとき、英語が得意な学生も含めてほとんどの学生が「全然分からない」とか言います。ヒップホップ教材は「頭」からではなくて、必ず耳から紹介します。ヒントをちょっとずつ出しながら、全員が分かるようにします。そこから声を出して練習します。「It's a spectacularly beautiful day!」より遥かに難しいですが、練習を重ねていけばほぼ全員が言えるようになります。最初は全員が一斉に「無理、無理！」と言いますが、その気持ちを「言えた！」に変えることは、「体」での素晴らしい英語体験でしょう。

数年経って以前の学生に偶然出会ったときでも、その歌詞をまだ言える学生は少なくはないです。面白いことに、まだ歌詞が言えるのに意味は完全に忘れてしまっている学生もいます。これはもちろん理想的ではありませんが、「体」で学んだ証拠でしょう。

読者の皆様も是非 YouTube 等で「Principal's Office」を聞いてくだ

さい。そして最初の２行だけでも真似をしてみてください。難しいですが、「言えた！」という達成感が待っています。

3. シャドーイング

「シャドーイング」とは言語を勉強する一つの方法です。その名前は英語の「shadow」（影）から来ています。ある録音した教材を聞きながら同時に（もしくは少し遅れて）口を動かして真似をする方法です。

Lingualift のウェブサイトで検索すると、次のような説明が出てきます。

> Shadowing is an advanced learning technique where you listen to a text in your target language, and then speak it aloud at the same time as the native speaker.

シャドーイングは，完全に理解してから行うのではなく、「頭」で分からなくても口を動かして練習する方法です。これも「体」での英語体験となります。

先に説明したヒップホップはシャドーイングの例です。最終的な目標は、実際のヒップホップのアーティストと同じ速さで歌詞を言うことですのでヒップホップを聞きながらシャドーイングを行います。

シャドーイングのためにヒップホップを選んだのは、個人的に大好きという理由もありますが、リズムがあるからシャドーイングがやりやすいと考えたからです。でもヒップホップ以外にもシャドーイングのための英語教材はあります。録音された英語であれば（曲、ニュース、映画など）教材になる可能性があります。

英語の授業が終わっても、「体」でシャドーイングのやり方が分かった学生は、個人で一生外国語の勉強を続けることができるでしょう。個人の勉強方法は次のセクションでさらに詳しく紹介します。

SECTION 5 Continuing physical English learning individually 個人で「体」の勉強

「頭」で個人的に勉強するということは想像しやすいでしょう。一人で教科書を開き、ノートに単語や文章を書いたりすることでしょう。では、どのようにすればうまく「体」で、しかも個人で英語の勉強ができるのでしょうか。

前述の録音した英語であれば、それは「シャドーイング」の教材になると思います。インターネットが使える状況にあるのなら、無限に近い教材を手にすることができます。教材不足を心配するより、適切な教材を選ぶことが難しいでしょう。よい教材となる条件を三つ提示します。

1. **適当な難しさのある教材**：音声を聞いて全部がもう既に分かるなら勉強にはなりません。しかし全く分からないのは難しすぎでしょう。この判断ができる力も学生に育てていきたいところです。
2. **確認できる教材（テキスト付）**：「耳と体からで英語を勉強しよう」と言っても、最終的には音声の中で言っている単語を「頭」で確認しなければなりません。そうでないと正確に「分かった」とは言えません。YouTubeからの映画シーンや最近の流行曲を教材として選ぶならば、それは必ずテキストを確認できる教材を選びましょう。
3. **興味のある教材**：シャドーイング練習は大変です。結果を出すためには時間と努力が必要です。興味のある教材を使うと、続けられるでしょう。

では、良い教材を選んだら、まず音声を真似してシャドーイングしま

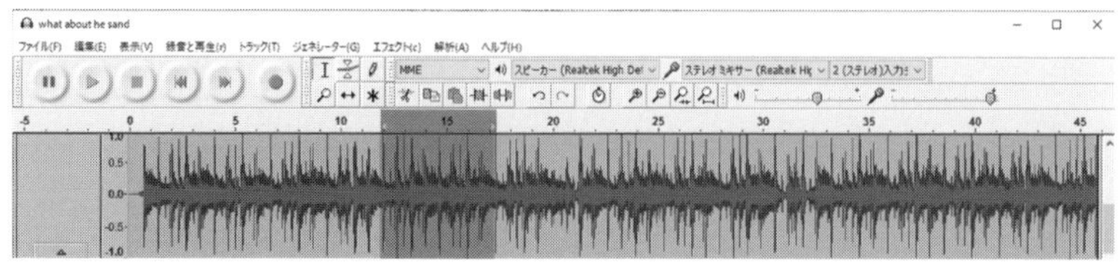

「Audacity」のイメージ

しょう。それから、内容を確認するために「Self-dictation」を行うことはお勧めです。「Dictation」と言えば、皆様が体験してきた、英語を聞いて、それを書くことです。それは、大体が先生の話している英語でしょう。「Self-dictation」の場合は、録音した英語を自分で繰り返し聞きながら書くことができます。この「Self-dictation」を行うときに音声編集ソフトを使うと、非常に便利です。「Audacity」のような無料でダウンロードできるソフトはいくつもあります。

ここでは詳しい説明を省きますが、このようなソフトは、録音した音声をちょっとずつ選択して、繰り返し聞くことができる機能があります。

さて、「Self-dictation」を終えたらテキストで確認しましょう。それから頑張って言えるようになるまでひたすらシャドーイング練習をすることです。このときも音声編集ソフトを使えば、非常に便利です。さらに、自分にとって言いにくいところは選択して繰り返し練習できます。

ほとんどの人は、独りで声を出して練習するという習慣はあまりないと思いますが、自然に言えるためにはひたすら口を動かして「体」で覚える必要があります。フリースローと同じです。

「頭」と「体」のバランスがとれた英語体験は大事です。教員として、学生には授業が終わってからも、自分でいつまでも「体」で英語体験ができる方法を教えたいです。

もちろん、練習してから、さらに深い英語体験ができれば理想的でしょう。それは、練習で学んだことを実際の国際交流の場で使って、他人と繋がることです。実際に、外国語を使って他人と繋がることは素晴らしい言語体験となるのです。

[引用文献]

Seifi, Philip. “Shadowing: The better way to learn a language.” LinguaLift. https://www.lingualift. com/blog/shadowing-learn-language-efficiently/. Accessed on June 2, 2019

Young, Marvin（Young MC）. “Principal's Office.” Stone Cold Rhymin'. Delicious Vinyl. 1990.

「Audacity」の無料編集ソフト：https://www.audacityteam.org/download/

CHAPTER 9

小野 功一郎

初等教育におけるプログラミング教育

SECTION 1 学習指導要領

小学校でのプログラミング必修化が平成32年度（2020年度）から実施されます。新学習指導要領では、「プログラミングを体験しながら論理的思考力を身に付ける」と明記され、そのための学習活動として「算数」「理科」「総合的な学習の時間」で取り上げる際の内容や扱いについて一部例示され、プログラミングに関する新教科は設けず、あくまで既存の教科の中で、プログラミングを教育することになっています。

プログラミングを通じて本当に教えるべきことは何なのか？ どのように教えればよいのか？ 本章でその指導方法を示します。

SECTION 2 認知的発達とプログラミング教育

どの段階でプログラミング教育を始められるのか、何年生でどのようなプログラミング教育を行えばよいかを、ピアジェの認知発達段階説にプログラミング教育の流れを組み込んで図１に示します。

小学校１、２年生は直感的思考段階（外界を概念化して理解できるようになる時期）であり、小学校３～６年生で具体的操作期（具体的な物事に対する論理的思考が可能になる時期）となります。

小学校１、２年生はプログラミング的思考養成ドリルを用います。直感的思考段階の外界を概念化して理解を養うことへの相乗効果が期待できます。

小学校３年生頃から発達する論理的思考を養うに当たり、プログラミング教育は非常に効果的であると言えます。物を実際に動かして考える、数える、量・重さ・長さを把握する、比喩、論理、比較の理解をするといった事柄に、プログラミングを学ぶことで相乗効果が期待できます。

形式的操作期にあたる非現実的な前提に立った推論や抽象的な推論といった配列や予測等を伴うプログラミングは中学生以降に行います。

また、児童はデジタルネイティブ世代であり、小学校1・2年次から積極的にICTに触れる授業を行い、プログラミングの前段階のICTスキル向上が必要です。

<table>
<tr><th>歳</th><th colspan="3">ピアジェの認知発達段階</th><th>プログラミング教育の流れ</th><th>小学校
学年</th></tr>
<tr><td>0～2</td><td colspan="3">感覚運動的段階</td><td></td><td></td></tr>
<tr><td>2～4</td><td rowspan="5">表象的思考段階</td><td rowspan="2">前操作的
思考段階</td><td>象徴的
思考段階</td><td></td><td></td></tr>
<tr><td>4～
7、8</td><td>直感的
思考段階</td><td>1．プログラミング的思考イントロダクション（生活科）
2．フローチャートイントロダクション（生活科）</td><td>1、2</td></tr>
<tr><td rowspan="2">7、8～
11、12</td><td rowspan="3">操作的
思考段階</td><td rowspan="2">具体的
操作期</td><td>1．プログラミング的思考（総合の時間）
2．フローチャート（総合の時間）
3．プログラミング基礎（総合の時間）</td><td>3、4</td></tr>
<tr><td>4．教科と連携したプログラミング（各教科内または総合の時間）
5．関連教育（各教科内または総合の時間）</td><td>5、6</td></tr>
<tr><td>12～</td><td>形式的
操作期</td><td>配列や予測を含むプログラミングが可能</td><td></td></tr>
</table>

図1　認知発達段階とプログラミング教育の流れ

SECTION 3 プログラミング教育の例

1. プログラミング的思考

プログラミング教育において最も重要となるのが、プログラミング的思考の教育です。この教育を疎かにするとプログラミングの段階で多くの脱落者を出すことになります。では、プログラミング的思考とはどのようなものなのか、例を示します。

図2のネコが街を一周して戻ってくる道順を分かりやすく言うと、どうなるでしょうか？

①3マス進む
②左へ90度回転する
③3マス進む
④左へ90度回転する
⑤3マス進む
⑥左へ90度回転する
⑦3マス進む
⑧左へ90度回転する

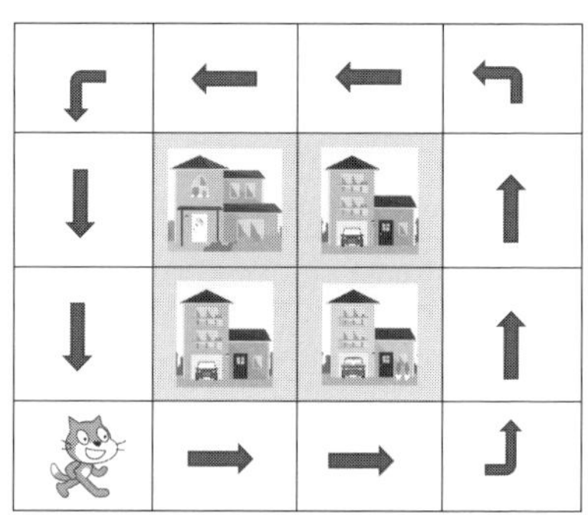

図2　ネコが街を一周する道順

となります。このような考え方がプログラミング的思考です。

2. フローチャート

プログラミング的思考を分かりやすい流れ図にしたものがフローチャートです。これはプログラムを作成する前に処理の流れを分かりやすく表現するためのもので、いきなりプログラミングをするのは難しくても、このフローチャートを作成する訓練をすると、容易にプログラミ

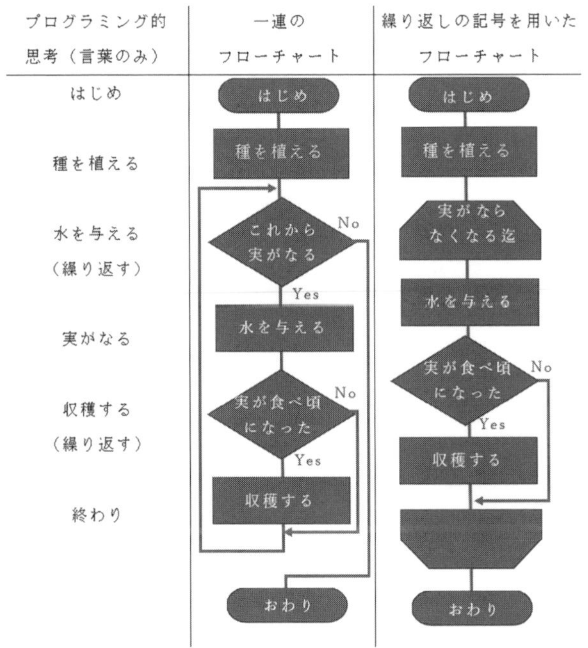

図３　トマトの種を植えて育て、実を収穫するまでの流れ

ングをすることができるようになります。では、トマトの種を植えて育て、実を収穫するまでの流れを図３で示し考えることとします。

このように、言葉のみでは繰り返す場面と分岐がどこなのか、分かりにくいです。一連の流れをフローチャートにすると、分かりやすくなります。さらに繰り返し処理を分かりやすくするために、繰り返しの記号を用いると、一目瞭然のフローチャートとなります。なお、本章ではJISによるフローチャートにて表記しています。

3．プログラミング基礎

（１）Scratchプログラミングとは

ここからはVisualプログラミング言語を用いて、実際に動くプログラムを行います。

近年 Visual プログラムの整備と普及により容易な操作でプログラミングの基礎を学ぶことができるようになりました。本章では MIT（マサチューセッツ工科大学）メディアラボが開発した、最も普及している教育用の Visual プログラミング言語である Scratch を使用します。

Scratch を使用するには https://scratch.mit.edu にアクセスし、図4・図5の画面からユーザー登録を行います。

図6の画面からプログラミングを開始します。

低学年向けにひらがな仕様にもカスタマイズできます。図7・図8

尚、本章では日本語（漢字）仕様で進行します。

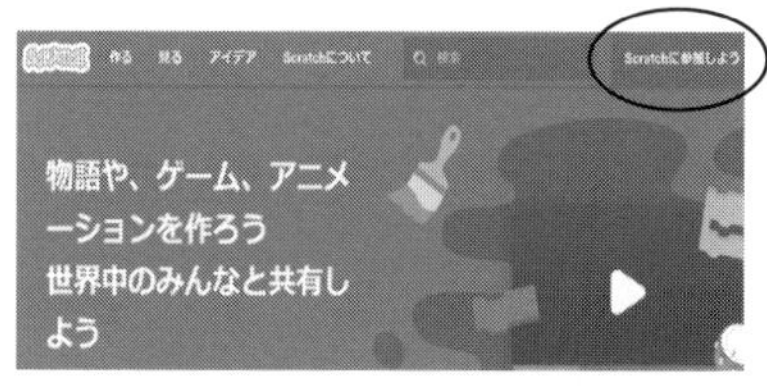

図4　https://scratch.mit.edu 画面

図5　ユーザー登録画面

図6　開始画面

図7　ひらがな仕様へのカスタマイズ

図8　ひらがな仕様となった画面

（2）プログラミングの実際

1．であったようにネコが街を一周して戻ってくるプログラムを作ることにします。図9でプログラミング的思考をフローチャート化・プログラミング化しました。

では、図10で実際にプログラミングをします。なお、実行するとネコの動きはとても速いので、それぞれの動作間に1秒間待つ制御を追加します。また、動かす歩数も3歩だと変化が分かりにくいので100歩動かすことにします。

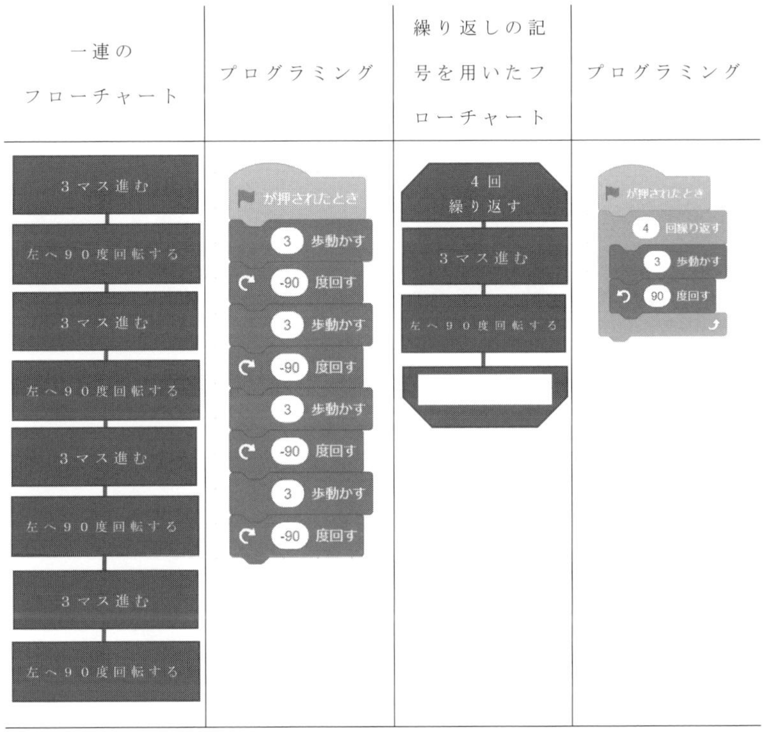

図9　プログラミング的思考のフローチャート化とプログラミング化

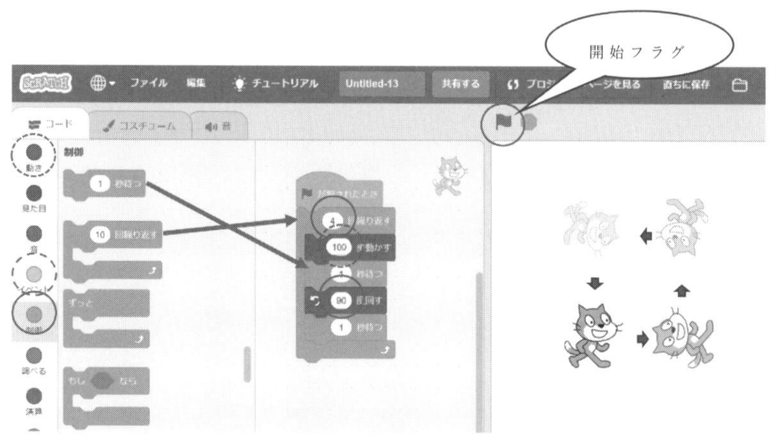

図 10　実際のプログラミング画面

4. 教科と連携したプログラミング

プログラミングの方法を修得できれば、教科と連携が可能になります。算数科との連携例を示します。3．では 90 度回し透明の四角形を描きましたが、正五角形を描く場合は何度回せばよいでしょうか？ 正

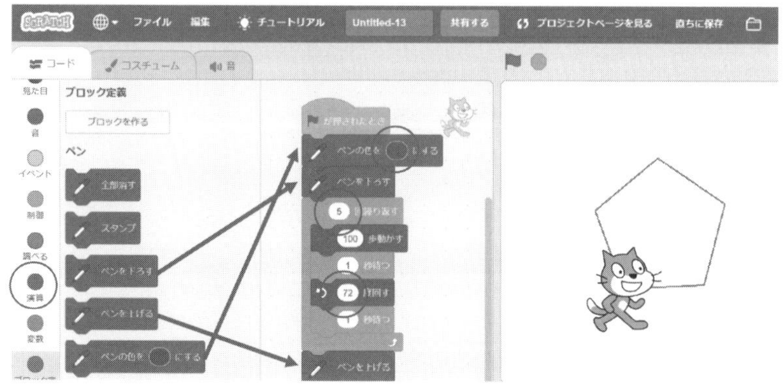

図 11　算数科目と連携例

五角形の一つの角度は 360 ÷ 5 ＝72　180－72＝108 で 108 度です。プログラミングですぐに実証することができます。図 11 では正五角形を描くために「ペンの色を●にする」「ペンを下ろす」「ペンを上げる」というプログラムを追加します。

5. 関連教育

関連教育として、社会科授業で次のようなことが行えます。例を示します。

ドローンと言えば、単なるラジコンの進化形と思っている人もいるでしょう。私たちが時々目にする場面としては、テレビ番組でドローンを使用した映像が流れます。しかし、ドローンの活用はこれだけでは終わりません。ドローンもまた技術革新中であり、幅広い用途が期待されています。近未来的な農業ではもう既にドローンの活躍が始動しているのです。図 12 は農業用ドローンで、飛行ルートがプログラミングされており自動飛行します。さらに、農薬・肥料を作物の特質に合わせての自動散布を行います。

そこで、Scratch プログラミングで実際にドローンを自動飛行させることにします。ドローンを操縦したことのない子供に、実際にプログラミングをしてドローンをフライトさせるのです。最先端の技術を遊び感覚で体験させることにより、近未来 Society5.0 社会（後述）を生きる力を身に付ける未来教育を行います。使用するドローンは Tello です。選

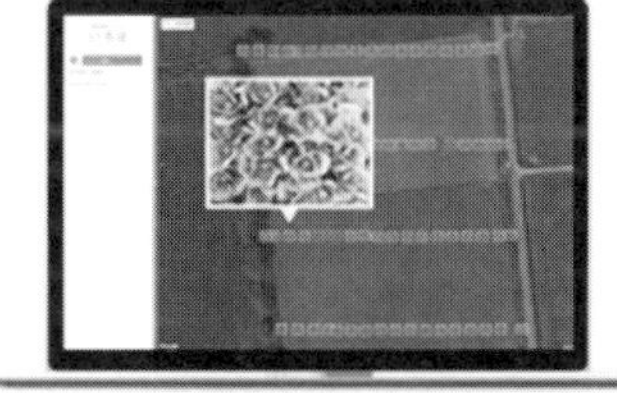

図 12　農業用ドローン

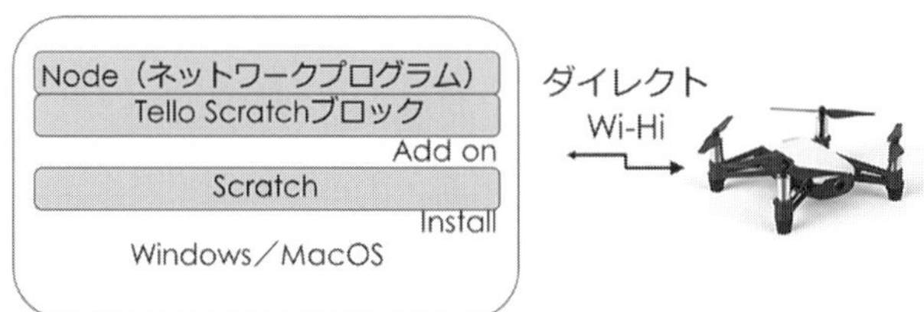

図 13　ドローン Tello 通信の仕組み

定理由は下記の 5 点です。

・航空法による規制対象外、飛行の許可申請不要

・自動離陸・自動着陸・自律制御飛行機能

・Tello は DJI の技術協力（Ryze Tech 社製）

・Scratch によるプログラミング対応

・安価である（発売当初 12,800 円税込み）

ドローン Tello のプログラミングは次のような環境が必要です。

パソコン（タブレット）に node プログラムとドローン Tello 通信プログラム（Ryze Tech 社提供）と Scratch Offline Editor を追加します。ダイレクト Wi-Fi として通信します。さらに、Scratch Offline Editor にはドローン Tello 専用ブロックを追加（Ryze Tech 社提供）します。

図 14 のように自動でドローン Tello が自動飛行し、左回りに四角を描いて元の位置に戻り着陸する自動飛行のプログラムをします。プログラムを図 15 に示します。

図 16 の飛行動画を http://ono.from.tv/pgm-edu から見ることができます。

Scratch でのドローン Tello ブロックの動作一覧を示します

take off　＝離陸
land　＝着陸
fly up with distance
＝上昇（数字は距離）
fly down with distance
＝下降（数字は距離）
fly left with distance
＝左移動（数字は距離）
fly right with distance
＝右移動（数字は距離）
fly forward with distance
＝前進（数字は距離）
fly back with distance
＝後進（数字は距離）
rotate CW with angle
＝右回転（数字は角度）
rotate CCW with angle
＝左回転（数字は角度）
flip with duration　＝ 8 方向フリップ
（F、B、R、L で方向指定）
set speed
＝スピード変更（数字は速度）
※移動距離は cm 単位

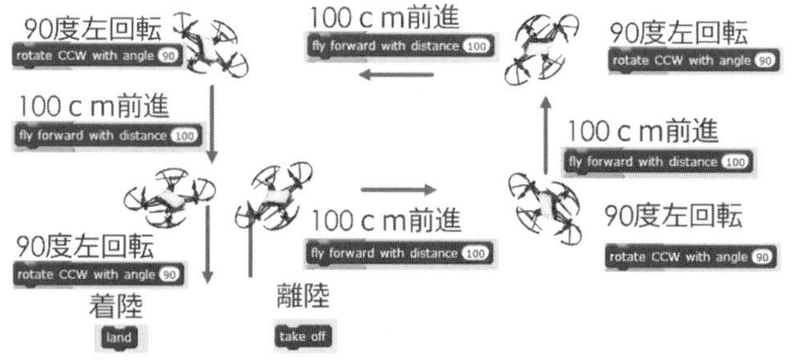

図 14　自動フライト概要

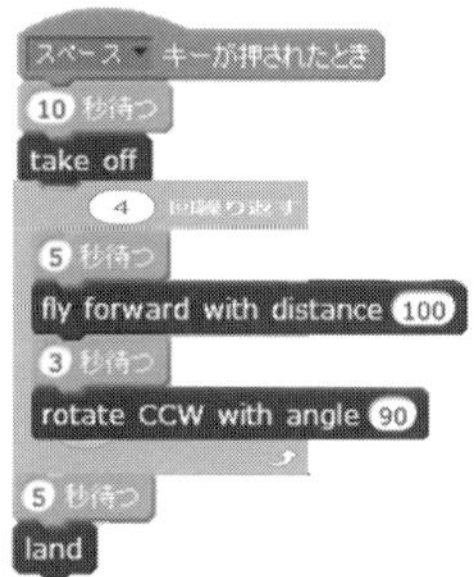

図 15　Scratch プログラミング

図 16　飛行風景

SECTION 4 今後のプログラミングとICT教育

内閣府は国の最重要政策の一つとして、Society 5.0を掲げています。

Society 5.0はサイバー空間（仮想空間）とフィジカル空間（現実空間）を高度に融合させたシステムにより、経済発展と社会的課題の解決を両立する、人間中心の社会（Society）のことです。

産業構造が大きく転換する時代が到来し、目まぐるしく変化する社会の中で、自分の人生を自らが切り開ける人材の育成が必要となっています。

Society 5.0で実現する社会では、IoTで全ての人とモノがつながり、様々な知識や情報が共有され、今までにない新たな価値を生み出すことで、これらの課題や困難を克服します。また、ビッグデータを踏まえたAI（人工知能）により、必要な情報が必要なときに提供されるようになり、ロボットや自動走行車などの技術で、少子高齢化、地方の過疎化、貧富の格差などの課題が克服されます。

Society 5.0を実現するためには21世紀型スキルといわれる「生きていくための教養」が必要であり、そのためにプログラミング教育は優位性があります。

最後に、ここまでに示したプログラミング教育は一例であり、これだけでプログラミング教育が十二分に行えるわけはありません。そこで下記アドレスにeラーニング講座を開設しましたので参考にしてください。

小野研究室プログラミング講座 http://ono.from.tv/pgm-edu

[引用・参考文献]

図 12）ナイルワークス社製「Nile-T18」製品カタログ
文部科学省（2017），『小学校学習指導要領』，東洋館出版社.
内閣府，Society 5.0「科学技術イノベーションが拓く新たな社会」説明資料.
Ryze Tech 社，「Tello」製品仕様書.

CHAPTER 10

宋 知潤

スクールカウンセラーとしての立場から

SECTION 1 スクールカウンセラーの役割

スクールカウンセラー（以下、SC）には、児童生徒の不登校や問題行動に対する適切な対応とともに、学校における教育相談体制の充実を図る役割が求められています。主に児童生徒へのカウンセリングや教職員、保護者への専門的な助言や援助、ストレスへの対処に資する教育プログラムの実施等が挙げられます。

これらの役割を担いながら、「チームとしての学校」を構築する一員としての意識を持つことが必要です。校長の監督の下、担任や養護教諭、スクールソーシャルワーカー等、専門性や立場の異なる他職種との連携や協働をはかり、組織的な問題の解決に取り組んでいきます。

SECTION 2 SCの活動

筆者は数年前、SCとしてある小学校に派遣されました。その小学校では、SCの配置が初めてでした。校長や教頭、生徒指導主事や養護教諭、特別支援コーディネーターの先生方と、学校内での困り感、具体的なケース、SCに担ってほしい課題等のニーズを確認して、カウンセリングの活動をスタートさせました。

SCの活動姿勢には、これまでの「待機型」（相談室で相談が来るのを待つ）の対応ではなく、「接近型」（校内を歩き回って積極的に児童生徒と接する）の対応が求められるようになってきています。

筆者はSCとして、週１日４時間という勤務の中で、休み時間や放課後は意識的に校内を歩き回り、お昼は教室に入って一緒に給食を食べたりしました。休み時間では、普段子供たちが誰と一緒に過ごしているのか、どんな遊びをしているのか、教室で過ごすのか、運動場へ向かうのか、一人一人の表情や行動をできるだけ注意深く観察しました。

子供たちは、外部者であるSCを見て、「直接話しかけてくる子」「遠くから見ている子」「全く関心を示さない子」と、大きく分けて3パターンの反応を見せてくれます。SCはどのタイプの子をも把握しておく必要があります。「遠くから見ている子」は、コミュニケーションを求めている状態かもしれません。大人と一緒に過ごしたかったり、何か聴いてほしかったりという要求があるかもしれません。話すきっかけがあれば声をかけてみてもよいでしょう。

「全く関心を示さない子」は、本人が友達と楽しそうにして、穏やかな表情であれば特に問題はありませんが、集団の輪から外れていたり、一人遊びが続いていたりしていると、少し気に留めておく必要があります。

このように自由時間では、この時間でしか見ることのできない子供たちの表情や行動スタイル、社会性、運動面などを観察することができます。担任との情報共有の際には互いに情報を出し合い、児童の状態をより多角的に捉え、共通認識に基づいたアセスメント（対象となる児童生徒の抱える問題を整理分析し、援助方針を立てること）を通して、短期的長期的な援助方針を見出すことが可能となります。

まずは、「接近型」の対応として活動した事例をご紹介します。

●事例① A子（小２：女子）

A子は大人しく、困り感が目立たないタイプです。筆者は、普段の休み時間の様子を観察していて、気になる場面がありました。休み時間になると、クラスの皆は一斉に運動場へ向かいます。A子も後を追うように教室を出るのですが、行き先は皆と同じではありません。ジャングルジム周辺で鬼ごっこを始めるクラスメートをよそに、A子はやや離れた砂場へ行き、砂いじりをしながら時折鬼ごっこの様子を眺めていました。そんなある日、いつものように砂場にいるA子のところへ、B子が駆け寄って「一緒に鬼ごっこしない？」と声をかけました。A子は首をかしげ、恥ずかしそうに砂いじりを続けています。「一緒に来ない？」と尋ねるB子ですが、A子がずっと黙っているのでとうとう鬼ごっこの方へ戻っていってしまいました。A子は、何度かB子のいる方を見たりしていました。

1学期も半ばを過ぎた頃、母親から担任に電話がありました。「A子が孤立していないか心配しています。1年生のときも仲の良いお友達ができず、一人でいることが多いみたいでした。引っ込み思案で大人しいので、友達づくりが苦手のようです」との内容でした。

日頃から連携していたSCと担任は、A子の問題状況について改めて情報共有を行い、援助方針を立てることにしました。また保護者を重要な援助者の一人として捉え、A子の学校での様子や取り組みについて連絡を密にしていくことにしました。

まずクラスへは学級づくりの一環として、対人スキルの向上をめざす「構成的グループエンカウンター」を取り入れました。「構成的グループエンカウンター」とは、自己理解や他者理解を通して人間関係を円滑にする体験学習です。この体験学習をHRの時間に実施しました。担任がファシリテーターを行い、SCが全体を観察する役割を持ちました。

体験学習のゲームは「新聞紙タワー」です。5、6人のグループになり、それぞれに新聞紙を10枚とセロハンテープを配布しました。ルールは簡単です。「言葉を話さないで、新聞紙で一番高いタワーを作りましょう。時間は10分です。自分一人で勝手に作るのではなく、グループで一緒に作りましょう」と説明しました。子供たちは、体を大きく使って思いを伝えたり、形を作ってからOKサインを出して相手に確認を求めたり、肩を軽くたたいて呼んだり、立ち上がって自分の主張を聴いてもらおうとしたり、様々な方法でグループのメンバーとコミュニケーションをとろうとしていました。そんな中A子は、新聞紙を持ちながら、リーダーシップをとる子の方を見ていましたが、結局最後までA子の新聞紙は使われることはありませんでした。

振り返りの時間になりました。まずは、各自で振り返り用紙に記入します。「楽しかったか」「自分の思いは伝えられたか」「相手の思いは伝わったか」「どんな工夫があればよいか」等に答えていきます。それをグループ内でシェアし、最後にグループの代表者が全体に発表しました。発表では、「話せないからすごく大変だった」「アイデアを伝えたくて手をたたいた（こっちを見てもらった）」「アイデアが出なくて首を横に振った」「いい方法だったからOKのサインを出した」などの意見が出ました。

最後に担任がまとめました。「伝えたいときは、相手の目と目を合わす」「聞いていることを分かってもらうには、うなずく（大きく首をたてに振る）」「間違っていたり、断ったりするときは、首を横に振る」、そして言葉の力も大いに活かして「うんうん、そうだね」とか「いや、それは違うよ」などと自分の思いを言葉にすること。身ぶりと言葉の両方を使って相手とコミュニケーションすることの大事さを伝えました。

体験学習後、担任やSCは、普段の子供たちの会話場面において「今のうなずき方、すごくよかったよ」「こんなとき、どう返事する？」など、直接声をかけていく機会を積極的に設けました。

ある日、A子が再びB子に「一緒に鬼ごっこしない？」と誘われていました。A子がしばらく黙っていたので、SCが「A子さんはどうしたい？」と尋ねると「一緒に行きたい」と小さな声で言いました。SCは「すごいね！　自分の思いを伝えられたね！」とA子を褒めると、はにかんだ表情をしていました。すぐにB子が「行こう！」と手を出すと、一緒に鬼ごっこの方へ向かっていきました。

この場面の報告を担任にも行い、担任が保護者へ伝えました。保護者からも、家庭生活においてA子が自分で選択できる機会を増やしていきたいとの話があり、学校と家庭で継続してA子を見守っていくことになりました。

次に、相談室での個別カウンセリングのケースをご紹介します。

●事例② C美（小６：女子）

C美は毎週相談室にやってきました。彼女はいつも「私はブス（C美の発言を忠実に再現）なの。ブスだからお友達ができないの。この顔をどうにかしたいのだけど、どうにもならなくて……」と泣きじゃくっていました。普段は、友達の輪に溶け込もうと、明るく笑顔を絶やさずに過ごしているのですが、相談室にいるときはまるで別人のようでした。

SCは、本人を迎え入れ、まず毎回こうして相談室に来てくれたことをねぎらいました。そして気持ちの吐き出しが始まると、可能な限り本人の心情を想像し、その思いに重ねられるよう努めました。「辛かったね……」「苦しかったね……」「寂しかったよね……」など時折声をかけながら、C美の荒い呼吸や嗚咽が次第に落ち着いてくるのを待ち続けました。

しばらくの沈黙もありながら、徐々に話せる状態がやってきました。彼女は静かな声でポツリと「私の顔は、どうしたらよくなるのだろう？可愛い顔になれたら、友達ができるのに……」と言いました。

さて、この状態をどのように捉えたらよいでしょうか。まずはC美の思考、感情、行動について一つ一つ整理し、それらが連動していることを理解しておく必要があります。

C美は、「可愛い子には、友達ができる。可愛くない私には、友達ができない」という考えを強く持ち、その考えが固定化されている状態と言えます。その考えを持ち続けることによって、辛さや嘆き・悲しみ、寂しさといったネガティブな感情が湧き出て、激しく泣くという行動を起こす結果となっています。

私たち援助者は、相談者の≪感情≫そのものに焦点を当て、共感や励ましを行うアプローチをすることがよくあり、現に子供たちは「共感してもらえた」という体験を通して、安心と信頼を獲得して回復していくことがしばしばあります。

しかしこのケースでは、感情だけでなく、その前段階で起こっている≪思考≫にも焦点を当てていくことが、C美の不適応状態を減らすのに有効となり得ます。C美は常に「可愛い子には、友達ができる。可愛くない私には、友達ができない」という極端な考えをもっています。この極端さは「ゼロか100かの思考」もしくは「全か無かの思考」という思い込みから来る一つの思考パターンと言えます。また「過去に、いじめられたことがあったために今回もまた同じようなことが起きる」という捉え方をしているとも考えられます。このような思考パターンは、固くて偏った考え方であり、「認知の歪み」として理解します。

このとき援助者がC美に対して、「考え方が極端だね」「思い込みが強すぎるかな」「考え方を変えてみては？」などと言ったところで、C美の辛さや不安が解消されることはまずないと言えます。

SCは、まずC美の感情に注目しました。C美が抱えている苦しみに対して「お友達ができないって思うとすごく辛いよね…」「自分の顔をどうにかしたいって思うことって本当に苦しいよね…」といった共感的態度を示しながら、C美自身が自分の複雑な感情を一つ一つ整理し、言語化できるよう丁寧に関わっていきました。その際援助者は、様々な感情の表現を知っておく必要があります。辛いのか、寂しいのか、腹立たしいのか、羨ましいのか、憎いのか、恥ずかしいのか……感情というものは、実に多様で複雑なものであります。そのことをC美にも気付いてもらえるよう、「どんなときに、どんな気持ちになるのか？」を丁寧に聴いていきます。次にそのような感情が湧き上がったとき、体にどのような反応が表れているのかをC美に尋ねます。以下、SCとC美のやりとりです。

SC「どんなときに、可愛くない私には友達はできないのだと思うの？」

C美「うーん……休み時間にみんなが輪になって、楽しそうにしているときかな……」

SC「楽しそうにしているときか。それを見たら、どんな気持ちになるの？」

C美「うーん……羨ましくなって、その次に悲しくなる。私は誘われていないから……。ブスだからどうせ誘ってくれないのだと思う」

SC「誘ってくれない……。そう思ったら、体はどんなふうになるの？」

C美「そう思ったら、涙が出そうになる。ガマンするのだけど、結局泣いてしまう。涙が出ると顔を隠したくなって、下を向きたくなる」

SC「下を向いたら、体はどんな感じかな？」

C美「息苦しくなって、頭も重くなるかな」

SC「心が悲しくなったら、体も苦しくなっているのだね。なるほどね。あのね、そんなときに、もしかしたらラクになるかもしれない方法があるのだけど、話してもいい？」

C美「え、そんな方法が？（興味深げに筆者を見る）」

SC「そう、体に新鮮な空気をいっぱい取り込んであげてみるの。深呼吸ね。鼻からのどを通ってお腹の中に新しい空気を入れてあげるとね、お腹の中がきれいになっていく感覚だよ。一度一緒にやってみようか？」

と、ストレス対処法の一つである呼吸法を実践的に取り入れました。

私たちは普段、イライラしたり落ち込んだりしたとき、体がどんな状態になっているかをあまり想像していません。そんな余裕すらない状態にあります。でも体と心はつながっていますから、そのときの身体症状をつかんでおくことは大事です。身体症状を言語化することで自己理解を促し、客観的に自分の状態を見つめられるようになります。例えば、「体全身に電気が走るようだ」「頭が重くなる」「顔が熱くなる」「肩に力が入る」などです。このようにC美が、自分で自分の感情を知り、どのような状態になるのか冷静に知っておくことは、「泣きじゃくる」という不適応状態やパニック状態になったときの対処法を見つけるヒントにもなり、自己コントロール力が培われます。

さて、C美の≪思考≫に焦点を当て認知の歪みを理解した上で、どのようなアプローチをもとに認知を変容していくのかが問われます。SCは、C美の「可愛い子には、友達ができる。可愛くない私には、友達ができない」や「ブスだからどうせ誘ってくれない」という考え方をもとに、その例外につながる話題をいくつか挙げる試みをしました。

SC「ところで、C美さんが可愛くないって思う有名人っている？」

C美「えー、そうだなぁ。○○さんとか？」

SC「あぁー、芸能人嫌いなランキングにも載っている人だね」

C美「そうそう。そうです。(やや笑みを浮かべる)」

SC「芸能人の○○さんに友達がどれだけいるかなんて、私は全く分からないのだけど、○○さんは、全ての人たちから嫌われているのかな？　だって可愛くないのだからね？」

C美「いやー。それはないと思う。ほんとにみんなから嫌われていたら仕事だって来ないと思う」

SC「なるほど。確かにそうかもね」

C美「可愛くないけど、みんなからキャラを認めてもらっている感じがする」

SC「なるほど。可愛くなくても、みんなから認めてもらっているんだ。

そのままでOKってことなのね？」
C美「うん。可愛くなくてもOKってこと。○○さんだけは」
SC「○○さんだけは。なんだね……」

この会話から、C美が自分と○○さんを同一視せず、線引きしている心情が読み取れます。SCは、固執への指摘が、さらに固執を増幅してしまう可能性もあるため、あえてC美の下線部分の発言のみをリボイスするにとどめて話題を切り替えました。

SC「じゃあC美さんはね、誰かから声をかけてもらったり、遊びに誘われたりしたことがある？」
C美「あまりない」
SC「あまりないということは、1回はあるってことかな？」
C美「そりゃ1回はある」
SC「へー、あるんだぁ。どんなときだった？」
C美「みんなで大縄をしたとき」
SC「どんな気持ちだった？」
C美「嬉しかった。嬉しかったけど、どれだけ大人数で跳べるかが皆の関心だったから、ただ呼ばれただけのような気がする」
SC「そうか。でも嬉しかったのね？ そうであったとしても（どれだけ大人数で跳べるか）、みんなの役に立てたってことだよね？　その気持ちはどう？」
C美「役に立てたということは、考えたことがなかった。私が参加したことで、そう思ってもらっていたなら、それは嬉しいかな」

C美は、少し照れたような表情を浮かべて言いました。

SCは、継続するカウンセリングの中で、「この他にも、誘われたことがあったらメモに書いてきてほしい」「この先、誘われることがあったらそれもメモに書いてきてほしい」とC美に伝えて、C美の認知の歪みが具体的に修正されるようなアプローチを続けました。するとC

美自身が、「誘われない」と思っていた考えから、例外探しを見つけ、事実を掴んでいくことができるようになりました。その結果、次第にC美自身が、これまで人から誘われる体験を数多くしてきたことに気付くと同時に、自分から声をかけることに消極的だったこと、これからは今まで誘ってくれた人にはできるだけ自分からも声をかけてみたいという気持ちが現れ始めました。その気持ちの変化が芽生えたときには、「私は可愛くないから……」という言葉が、自然と出なくなりました。C美の中で、認知の歪みが徐々に修正されることで、泣きじゃくる行為もやんでいきました。相談室へ来ることは暫く続きましたが、教室での楽しい報告が増えていきました。

SECTION  求められる体制づくり

現在、児童生徒を取り巻く環境は、変化の激しい社会の中でより一層複雑化、多様化しています。表面化する問題の背景には、いじめや貧困、障がい、家族機能の低下など多くの課題が絡まり合っていたりもします。いじめ問題対策の強化の流れから、全公立小中学校へのSC配置が急がれています。教育現場におけるSCの導入は、1995年「スクールカウンセラー活用調査研究委託事業」（文部科学省）を受け、配置が開始されました。

「生徒指導提要」（文部科学省、2010）によると、教職員は児童生徒理解を前提とした指導を基本にすることが掲げられ、一人一人の個性を伸ばし、社会的に自己実現できる将来像を描きながら個の資質や能力を育成していくことがより強く求められるようになりました。

また学校のマネジメントモデルの転換に向けて①「専門性に基づくチーム体制の構築」②「学校のマネジメント機能の強化」③「教職員一

人一人が力を発揮できる環境の整備」の三本柱が具体的改善策として進められています。学校全体が「チームとしての学校」（中央教育審議会、2015）として位置づけられ、その在り方が問われています。チームを構成する教員も専門スタッフもそれぞれの立場や役割を認識しながら、情報共有を図り課題解決に向けた連携、協働の取り組みが必要とされています。

[引用・参考文献]

福沢周亮・石隈利紀他（2004），『学校心理学ハンドブック～「学校の力」の発見～』，教育出版.

文部科学省（2010），『生徒指導提要』.

佐藤正二・佐藤容子他（2013），『学校でできる認知行動療法　子どもの抑うつ予防プログラム』，日本評論社.

中央教育審議会（2015），『チームとしての学校の在り方と今後の改善方策について』.

大野裕・田中克俊（2017），『保健、医療、福祉、教育にいかす簡易型認知行動療法実践マニュアル』，きずな出版.

執筆者一覧

松久 眞実：CHAPTER 1

田原 昌子：CHAPTER 2

西川 恭一：CHAPTER 3

今宮 信吾：CHAPTER 4

山本 景一：CHAPTER 5

栫井 大輔：CHAPTER 6

山口 聖代：CHAPTER 7

DECKER Warren：CHAPTER 8

小野功一郎：CHAPTER 9

宋 知潤：CHAPTER 10

梶田 叡一（桃山学院教育大学学長）：はじめに

教壇に立つ前に読んでほしい本

2020(令和2)年2月28日　初版第1刷発行

編著者:桃山学院教育大学若手教員を育てる会

発行者:錦織圭之介

発行所:株式会社 東洋館出版社

〒113-0021　東京都文京区本駒込5-16-7

営業部　TEL 03-3823-9206／FAX 03-3823-9208

編集部　TEL 03-3823-9207／FAX 03-3823-9209

振　替　00180-7-96823

URL　http://www.toyokan.co.jp

印刷・製本:藤原印刷株式会社

装　丁:國枝達也

ISBN978-4-491-03975-6　　Printed in Japan